세상의
모든 X

문환구 지음

나무나무 출판사

X를 찾아서

별이 빛나는 밤하늘에 떠있는 은하수를 볼 때마다 우리
는 경이로움에 사로잡힌다. 저 많은 별은 어디서 왔을까?
우리는, 지구는, 나는 어떤 존재일까?

강물처럼 별이 넘치는 은하수의 가장 두툼한 부분은 우
리 은하의 중심부이다. 바로 그곳에서 거대한 X자를 따라
별들이 배열된 모습을 천문학자들이 발견했다. 지금까지
찾아낸 가장 큰 X이다. 가장 작은 X는 생물학자들이 찾아
냈다. 우리 몸을 이루는 세포 속에 있는 성염색체 X다. 둘
다 맨눈으로는 볼 수 없다는 공통점이 있다. 은하수의 X자
분포는 외형이지만 성염색체 X는 모양이 아니라 X라는
의미를 부여했다는 차이가 있다.

우리가 삶에서 가장 먼저 만난 X는 구구단표에 있던 곱

셈부호였을 가능성이 크다. 산수에서 수학으로 과목명이 바뀌는 때가 되면 방정식에서 X값을 계산한다. 병원에 가면 가슴에 X-선을 쪼여 몸속을 촬영한다. 영어로 쓰인 책을 읽다보면 10장을 Chapter X로 표기한 경우가 많다. 금지나 부정의 표지로 X자를 붙여놓기도 한다.

그런가하면 X를 성스러운 상징으로 사용하는 문화도 있다. 암스테르담, 러시아, 스코틀랜드, 프랑스의 부르고뉴 지역, 스페인과 스페인의 영향을 받은 라틴 아메리카에서는 X가 안드레아의 십자가를 나타낸다. 예수님의 제자이자 베드로의 동생인 안드레아 성인의 순교와 관련이 있기 때문이다. 안드레아의 십자가 X는 국기에, 군기에 또는 왕실의 문장에 등장한다.

이처럼 다양한 X는 몇 개의 고리로 서로 엮이기도 한다. 미지의 기호와 거룩한 상징 그리고 그 사이에 놓인 부호다. X가 미지의 기호로 자리잡은 이유는 미지수를 구하는 수학 방정식의 기호가 오랜 시간을 거쳐 X로 자리 잡았기 때문이며, 결정적으로는 데카르트의 기여가 있었다. 그러자 수학을 도구로 사용하는 과학에서는 미지수 X를 미지 X로 확장했다. 발견 당시 원리를 알지 못했기 때문에 임시로 붙인 이름인 X-선과 X 염색체는 그대로 굳어져 X의 의미를 미지로 고정시켰다. 현대 천문학에서는 태양계 내에서 미지의 행성 X를 찾기도 한다. 의학계에서는 코로나19를 세계보건기구가 예측한 질병 X로 보기도 한다.

과학의 사회적 영향력이 비약적으로 커진 20세기 이후에는 미지 X를 수용하는 다양한 흐름이 사회 곳곳에서 나타났다. 미지와 무지를 구별하려는 시도가 제시되는가 하면, 드라마 'X파일'처럼 미지나 무지의 상징을 상업적으로 활용하기도 한다. 맬컴 X처럼 저항을 위해 자발적으로 X를 수용하는 움직임도 나타난다.

떳떳하지 못한 행위를 획책하는 정부나 노회한 정치가는 X의 층위를 나누고 세분화된 X를 자의적으로 해석하기도 한다. 심리학의 분석도구를 끌어다 X를 나누어 설명한 미국 국방장관 럼스펠드가 대표적이다. 원래 인류에게 미지이던 X라는 공간을, 앎이 조금씩 차지해나가는 과정으로 학문발전을 파악하는 움직임도 있다.

X가 안드레아의 십자가라는 거룩한 뜻을 얻게 된 과정은 안드레아 성인의 순교지역이 그리스였다는 사실과 관련이 깊다. X-MAS에서 보듯 크리스트를 뜻하는 그리스어 첫 글자가 X이기 때문이다. 성인의 선교지역과 사후 유골 보존지역은 저마다 성 안드레아의 십자가를 상징으로

내세우곤 했다. 미지도 거룩함도 스며들지 않은 문화에서
는 X를 부정이나 죽음을 뜻하는 부호로 받아들이기도 했
다. X에서 확인하는 문화의 다양성이다.

X의 역사를 살펴보고 문화적 맥락을 들여다본 동기는
호기심이었다. 호기심으로 시작한 X 탐사는 파고들수록
여러 가닥의 뿌리를 따라가면서 놀라움으로 바뀌었다. X
의 세계는 너무 넓어서 큰 부분만 우선 골라내고 분석해야
했다. X에 대한 글을 쓰면서 모든 것은 서로 연결되어 있
다는 말도 실감했으니, X를 자세히 알게 되면 세상도 조금
더 이해하게 되지 않을까 기대해 본다.

분자생물학 박사인 동료 박원미 변리사가 이 책의 생물
학 분야 원고를 꼼꼼히 확인해 주었다. 과학이야기로 출발
했던 글이 X의 역사, 문화 이야기로 확장되도록 방향을 잡
아준 나무나무출판사의 배문성 대표에게도 깊이 감사드
린다.

차례

1   호기심과 두려움, X파일

우리는 알지 못하는 대상에 대해 호기심과 함께 두려움을 느낀다. 그 대상의 실체가 드러나기까지는 우호적일지 적대적일지 모르기 때문이다. 미국의 시인이자 사상가인 에머슨(Ralph Waldo Emerson, 1803~1882)도 이 내용을 강조했다. 1837년 하버드 대학의 우등생 친목회(Phi Beta Kappa)에서 에머슨이 택한 강연 주제는 '미국의 학자'였다. 미국의 지적 독립선언문이라고도 불리는 이 연설에서 에머슨은 두려움을 극복하기 위한, 학문하는 태도를 강조하면서 지금까지 자주 인용되는 명언을 남긴다.

"두려움은 언제나 무지에서 샘솟는다."

앎의 공간을 공 안쪽이라고 한다면 무지가 자리잡은 곳은 공의 표면이다. 앎이 확장될수록 그 경계에 있는 무지의 영역도 커지므로, 학문이 발달한다고 해도 사람들이 가지는 두려움을 완전히 잠재울 수는 없다. 다만, 학문발전의 역사에서 확인할 수 있듯이, 무지의 영역에 속한 문제라도 시간을 두고 경험과 합리적 추론과정을 거치면 앎의 영역으로 넘어올 것이라는 기대가 지나친 낙관이라고 할 수는 없다. 무지에 편승하여 과도하게 두려움을 강조하는 행위는 그 배후에 불순한 의도가 있는 경우가 대부분이기 때문이다.

무지 그 자체는 물론이고 무지로 인한 두려움조차 사람들에게는 호기심의 대상이다. 이 호기심을 상업적으로 이용하려는 시도는 대중문화 분야에서 특히 활발해서, 영국의 역사학자 도널드 서순(Donald Sassoon, 1946~)은 '서양문화사'에서 서적인쇄의 발달도 신비한 이야기를 적은 소식지의 확산에 도움받은 바가 크다고 말한다. 무지로부터 오는 두려움과 호기심을 활용해 기록적인 성공을 거둔 작품으로는 1993년부터 미국 폭스TV에서 방영한 드라마 X파

드라마 X파일의
수사요원,
스컬리(왼쪽)와 멀더

일(The X files)을 들 수 있다.

　　드라마 엑스파일은 미국 연방수사국(FBI)에 사건 파일 번호 'X'로 시작하는 초자연적 현상, 괴물, 유령 등 과학적으로 설명할 수 없는 미해결 사건을 전담하는 수사부서가 있다는 전제 아래, 이 부서 요원들이 겪는 외계인과 관련된 음모를 전체적인 이야기 전개의 중심축으로 배열한다. 여기에다 보조 구성으로, 온갖 유령 관련 이야기, 버뮤다 삼각지대로 대표되는 불가사의 현상, 털복숭이 거인(Bigfoot)이나 네스호 괴물 등 미지의 생물, 인체발화나 독심술을 구현하는 초능력자, 그리고 시간여행 등을 사이사이에 끼워 넣는다.

이 드라마에서는 X가 과학적으로 설명 불가능한 미지, 불가사의, 혹은 신비를 나타내는 기호로 사용되었다. 원래 X는 수학에서 방정식을 풀기 전까지 알 수 없는 값으로 17세기부터 쓰여 왔다. 이 개념이 19세기말에는 자연과학으로 확장되어, 물리학의 X-선이나 생물학의 X염색체처럼 발견 당시의 과학으로는 설명할 수 없던 자연현상을 상징하던 표시였다. 엄밀한 객관성을 추구하는 과학 현상을 설명하던 용어인 X가 과학기술의 영향력 증가 때문인지 20세기 후반에는 대중문화로까지 확산된 것이다.

비밀로 분류된 내용을 파헤친다는 가정이 깔려 있는 드라마 엑스파일은 한국에서도 1994년부터 방영되면서 선풍적인 인기를 끌었고, 이 영향으로 'X파일'은 '비밀 자료' 또는 '미공개 파일'이라는 뜻으로 통용되기에 이르렀다. 'X파일'도 어느 순간부터 드라마 제목을 넘어 하나의 보통명사가 되었다. '미공개'는 아무나 할 수 없으며 힘이 있어야 가능하기 때문에, 'X파일'에는 국가권력 또는 강력한 힘을 가진 집단이 '공개를 막거나 방해'한다는 은유적 함의가 담겨 있다.

한국에서 이런 음험한 분위기의 X파일은, 2005년 한국 정치경제계를 뒤흔든 삼성그룹의 정치자금 제공에 관한 녹음 자료였던 '삼성 X파일' 또는 '안기부 X파일'이 있다. 이 사건과 관련해서도 비리를 저지른 사람이 아니라 폭로한 기자와 국회의원만 처벌받았다는 사실로 인해 X파일의 의미는 더욱 부정적으로 변했다. 2005년에는 대중문화계에 엄청난 파장을 던졌던 연예인 X파일 사건도 있었다. 광고모델을 관리하려고 만들었다는 정상급 연예인 99명의 신상정보 공개는 한국 연예계와 방송계의 민낯을 그대로 드러냈다. X파일은 몰래 보는 '뒷조사 자료'라는 의미까지 갖게 되었다.

이런 상황에서 한국 방송가는 프로그램 제목으로 온갖 종류의 X파일을 양산하기도 했다. 시청률에 도움이 될 수만 있으면 제목 정도는 얼마든지 음험하거나 모호하게 갈 수 있었다. 조선 X파일 기찰비록(2010, tvN), 화성인 X파일(2010, tvN), 먹거리 X파일(2012, 채널A), 소비자 X파일(2013, MBN) 등이 대표적인 예다.

대중문화가 X를 두려움으로만 소비한 것은 아니다. 미국의 마블 코믹스는 슈퍼 히어로팀의 이름으로 X-맨(X-Men)을 채택했다. 특별한 힘의 근원인 돌연변이 유전자 X(X-gene)를 가져서 보통 사람들이 가지고 있지 않은 특별한(eXtra) 능력을 가진 사람들을 모은 팀이었다. 그런데, 마

블이 영화로도 만들어지면서 유명해진 'X-맨'이라는 용어
가 한국에서는 다른 뜻을 얻게 된다. TV의 한 오락프로그
램에서 마블의 'X-맨'과는 완전히 다른 뜻으로 이 용어를
사용했고, 그 프로그램의 인기로 인해 한국에서는 'X-맨'
이 배신자 또는 스파이라는 의미를 갖게 되었다.

  TV의 오락 프로그램에서 'X-맨'은 우리 팀에 숨어 있는
다른 팀의 스파이다. 이 'X-맨'은 고의로 현재 속해 있는
팀에 불리한 실수를 유발하거나 악영향을 끼친다. 이처럼
숨어서 활약하는 'X-맨'을 찾는 오락방송의 영향으로, 사
회 모든 부분에서 고의 여부와 관계없이 결과적으로 상대
팀을 도와주는 사람은 'X-맨'으로 불리게 되었다. 축구경
기에서 불필요한 반칙으로 벌칙차기를 상대방에 내준다
든지, 정치가가 혐오발언이나 망언을 해서 자신이 속한 정
파에 불리한 정세를 초래하는 행위 등을 하면 곧바로 'X-
맨'이 된다. X에 부정적인 의미가 하나 더 보태졌다.

2 　　　　　주체적 무지의 선택, 맬컴 X

쿤타 킨테는 1767년 아프리카 감비아에서 납치되어 미국으로 끌려와 토비 월러라는 이름의 노예가 된다. 월러는 백인 노예주의 성이었다. 토비 월러, 즉 쿤타 킨테는 딸 하나를 두었지만 그 딸은 리(Lea)라는 성을 가진 노예주에게 팔려갔고, 주인에게 겁탈당해 아들을 낳았다. 그 아들의 후손이자 쿤타 킨테의 7대손인 작가 알렉스 헤일리(Alex Haley, 1921~1992)는 조상의 이야기를 다룬 대하소설 '뿌리: 어느 미국 가족의 이야기'를 펴낸다. 이 작품은 1977년 퓰리처상을 수상하고, 같은 해에 ABC 방송에서 TV 드라마로 만들어 크게 성공한다. 한국에서도 지금은 KBS2 TV로

바뀐 동양방송(TBC)을 통해 방영되어, 당시 어린이들이 흑인을 쿤타킨테라고 부르는 일도 있었다.

성공한 작품에 으레 따르기 마련인 표절시비와, 허구의 가계도를 바탕으로 한 창작물이라는 비난도 있었지만 '뿌리'는 흑인 노예사를 대중에 널리 알린 뛰어난 작품이다. 비록 사망한 뒤였지만 대한민국 정부로부터 한국전 참전 메달도 받은 알렉스 헤일리는 대학을 중퇴한 뒤 미국 해안 경비대에서 20년간 군 생활을 했다. 글쓰기에 재능이 있었던 헤일리는 군 근무 중 보도 관련 업무에 종사했으며, 제대 후에는 잡지에 글을 쓰기도 했다.

그러다가 1960년에는 '리더스 다이제스트'에 흑인 민권 운동 지도자인 맬컴 X(Malcolm X, 1925~1965)의 인터뷰 기사를 실었다. 그 뒤로도 잡지 '플레이보이' 등에 인터뷰 후속 기사를 싣는 등 꾸준히 맬컴 X와 만남을 지속했던 알렉스 헤일리는 맬컴 X가 암살당한 후 구술기록을 중심으로 '맬컴 X의 자서전'을 펴냈다. 이 책에서 맬컴 X는, 원래 성이었던 '리틀'을 버리고 선택한 'X'에 대해 자신이 결코 알아낼 수 없는 진정한 아프리카 가족 이름을 상징한다고 설명했다. '리틀'은 파란 눈의 괴물인 백인 노예주의 이름이었을 뿐이라면서.

혹시 알렉스 헤일리는 쿤타 킨테라고 알려진 조상을 두었으니, 진정한 아프리카 가족 이름을 알 수 있었을까? 꼭 그렇지도 않은 것이 막상 조상 중에는 토비 윌러처럼 백인 노예주의 성을 따르는가 하면, 그 딸이 낳은 아들처럼 진짜 아버지가 백인 노예주인 경우도 많았다. 이처럼 흑인들이 아버지의 아버지를 찾아 올라가다 보면 몇 대조 할아버지로 백인 노예주를 만나게 되는 일이 빈번했으니, 부계를 통해 자신의 아프리카 성을 찾으려는 노력은 허망한 결과를 낳곤 했다. 이런 상황을 알았던 맬컴 리틀은 결국 자신의 성을 모르는 상태로 두겠다는 의지를 표시하려고 미지를 상징하는 X를 선택했다. 흑인민권운동 초기에는 인종차별 철폐가 아니라 흑인우월주의를 내걸고 투쟁했던 맬

컴 X답게, 진정한 조상의 성을 모른다는 사실을 당당하게
앞세운 행위였다.

맬컴 X의 아버지는 만국흑인진보연합에 가입해 활동했
고 이 때문에 백인우월단체인 쿠 클럭스 클랜(KKK)의 위
협을 피해 자주 사는 곳을 옮겨 다녀야 했다. 그렇게 했지
만 결국 아버지가 백인 우월주의자들에게 살해당했고, 어
머니마저 정신병원에 입원하는 바람에 맬컴은 위탁가정
을 전전할 수밖에 없었다. 그러다가 절도와 불법침입으로
감옥에 들어갔고, 감옥에서 맺은 여러 인연과 형들의 권유
로 흑인 이슬람 종교단체인 '이슬람국가(nation of islam)'에
가입했으며, 이를 계기로 완전히 다른 사람이 되어 흑인운
동가로 거듭난다.

감옥에서 출소 후 맬컴 X는 이슬람국가의 대변인이자
대표적인 논객으로 활동하면서 2인자의 위치에까지 도달
했고, 자신의 강연을 듣고 감동한 베티 센더스와 결혼하
여 6명의 자녀를 두었다. 베티 센더스 역시 맬컴 X와 결혼
후, 남편의 성을 따라 베티 X가 되었음은 물론이다. 맬컴 X
는 미국에 흑인을 위한 나라를 세우자고 주장했으며, 비슷
한 시기에 활동했던 흑인 인권 운동가 마틴 루터 킹(Martin
Luther King, Jr. 1929~1968)이 비폭력을 강조한데 반해, 방어

Malcolm X

맬컴 X는, 원래 성이었던 '리틀'을 버리고 선택한 'X'에 대해
자신이 결코 알아낼 수 없는 진정한 아프리카 가족 이름을 상징한다고 설명했다.
'리틀'은 파란 눈의 괴물인 백인 노예주의 이름이었을 뿐이라면서.

를 위한 폭력은 정당하다고 주장했다. 이런 맬컴 X의 노선을 선명하다고 따르는 사람이 많았으니, 훗날 무하마드 알리(Muhammad Ali, 1942~2016)로 개명하는 권투선수 캐시어스 클레이도 그런 사람 중 하나였다.

1965년, 맬컴 X는 이슬람국가 소속 청년들의 총격을 받고 39세의 나이로 세상을 떠났다. 그가 암살된 이유는 과격단체를 이끌다가 투쟁방향을 돌려서만은 아니었다. 금기에 거칠게 도전하기를 멈추지 않았기 때문이다. 비폭력 평화시위를 이끈 마틴 루터 킹도 1968년에 백인 우월주의자에게 암살되었다. 흉탄에 쓰러진 마틴 루터 킹의 나이도 맬컴 X가 총에 맞았을 때와 같은 39세였다.

3   럼스펠드의 X

"세상에는 알려진 앎(known knowns)이 있습니다. 우리가 안 다는 것을 아는 일이죠. 알려진 미지(known unknowns)도 있습니다. 우리가 모르는 뭔가가 있다는 것을 아는 겁니다. 게다가 알려지지 않은 미지(unknown unknowns)도 있습니다. 우리가 모른다는 것 자체를 모르는 겁니다."

미국 국방장관이었던 도널드 럼스펠드(Donald Henry Rumsfeld, 1932~)가 이라크 침공 전인 2002년 2월 기자회견에서 한 말이다. 이라크 정부가 테러집단에 대량살상무기를 공급한다는 증거가 부족하다는 기자의 질문에 대한 답

이었다. 이라크 정부와 테러집단의 연계에 대해 직접 드러
난 것은 없지만, 감춰진 무언가는 분명히 있고, 설사 그렇
지 않더라도 우리가 미처 알지 못하는 뭐가 있을지 모르는
것 아니냐는 투의 얘기다.

럼스펠드는 전쟁을 합리화하기 위해 현란한 언어의 유
희를 펼쳤지만, 그가 말장난에서 분류한 미지의 구분은
자세히 살펴볼 가치가 있다. 알지 못함은 '아직 알지 못하
는' 미지(unknowns)와, 어떤 형태로든 '알지 못하는' 무지
(ignorance)로 분류된다. 아직 알지 못하는 미지는 탐구해야
할 대상이지만, 무지는 모른다는 사실조차 모르거나 알고
싶지 않아서 알려는 노력을 기울이지 않는 대상이다. 미지
에는 호기심이 더 크게 생기지만, 남들은 알고 나만 모르
는 대상도 포함되는 무지는 두려움을 더 크게 만들어내기
도 한다.

X는 원래 럼스펠드의 분류 중에서는 '알려진 미지(known
unknowns)'에 해당하는 기호였다. 방정식의 미지수 X는 답
이 존재하는 문제였고, 물리학의 X-선이나 생물학의 X염
색체는 과학자 앞에 실체로 나타난 존재였다. 위에서 분
류한 알지 못함 중 미지다. 럼스펠드가 덧붙인 '알려지지
않은 미지(unknown unknowns)'는 무지에 속한다. 알지 못하

는 상태인 무지에는 앎에 접근하는 기회를 갖지 못해서 인식하지 못하는 무지와 이미 알려진 사실을 받아들이지 않는 자발적 혹은 의도적 무지도 있다. 미지는 누구도 모르는 상태이므로 의도적 미지가 불가능하다는 점에서 무지와 구별되기도 한다. 이런 분류와 무관하게 무지 역시 어느 순간부터 X로 표시되었다.

인류의 문명사나 지성사는 미지였던 X의 정체를 밝혀 온 과정이므로, X는 끊임없이 존재를 부정당하는 대상이다. 복잡하고 어려운 방정식 속에 있는 X의 값을 수학자는 찾아냈고, X-선의 실체가 전자기파이며 X염색체는 성염색체라는 사실도 물리학자와 생물학자는 밝혀냈다. 합리적 이성은 신비의 세계에 존재하던 현상도 설명이 가능한 과학의 세계로 인도한다. 인류는 과학적 추론과 실험, 또는 철학적 논증을 통해서 앎의 영역을 넓혀 왔기에 당대에 경험하는 앎의 공간은 역사상 가장 넓고 크기 마련이다. 그래서 더 이상 X의 영역은 없다고 주장하는 목소리가 나오기도 한다.

그러나 앎의 공간은 X의 안쪽에서 밖으로 확장해 나가고 있을 뿐이다. 앎과 접하는 표면은 얇아 보일 수 있지만 앎의 크기와 더불어 끊임없이 확장되고 있을 뿐 아니라,

1장 무지와 미지

그 표면의 두께는 짐작하기 어렵다. 럼스펠드가 말한 알려진 미지(known unknowns)가 앎의 공간 표면이라면, 알려지지 않은 미지(unknown unknowns)는 표면 밖 두께 어디쯤에 있는지 짐작하기 어려운 곳에 있기도 한다. 여기에 더해 이미 앎의 공간에 있는 대상조차 고의로 배척하는 '의도적 무지'를 신념으로 받아들이는 흐름도 끊임없이 이어지고 있다. 그 신념은 종교나 과학의 탈을 쓰는가 하면, 이념으로 무장하기도 한다. 그러니 X의 본질을 들여다보려면 혼재되어 있는 미지와 무지를 구별할 필요가 있다.

럼스펠드가 X의 의미를 정확히 정의하기 위해서 그 종류를 분류했다고 보이지는 않는다. 그는 미지이든 무지이든 X가 위험으로 인식되도록 치환해서 설명했다. 따라서 그가 말한 알려진 미지는 달리 말하면 예상되는 위험이고, 알려지지 않은 미지는 예상이 불가능한 위험이다. 예상되는 위험과 달리 예상할 수 없는 위험은 피해규모조차 예측할 수 없다. 즉, 알려진 미지가 대량살상무기라는 위험이라면, 알려지지 않은 미지는 아마도 '그 본성을 추측하기조차 불가능할 거라는 당시 이라크 대통령 사담 후세인(1937~2006)의 존재 자체'를 상정한 위험이라고 흔히 해석된다.

문제는 알려지지 않은 그 위험은 우리가 모른다는 사실 조차 모르기 때문에 실체를 완전히 들여다보기 전에는 도대체 이를 반박할 방법이 없다는 데 있다. 심지어 실체가 드러난 뒤에도 원래 모호했던 대상 자체를 부정해 버리기도 한다. 결국 미군은 이라크를 점령한 뒤 대량살상무기를 찾지 못했지만, 그래도 알지 못하는 무언가가 있을 수 있다는 이상한 주장은 계속되었다.

그런데 럼스펠드의 언설에는 빠진 부분이 있다. 바로 '알려지지 않은 앎'(unknown knowns)이다. 슬로베니아 출신 철학자 슬라보예 지젝(Slavoj Žižek, 1949~)은 럼스펠드가 이를 고의로 빠뜨렸다고 지적한다. 알려지지 않은 앎이란, 우리가 안다는 사실에 대해 인정하기를 고의로 거부하는 일이다. '의도적 무지'로 분류될 수 있는 영역이다. 이라크 전쟁으로 다시 시선을 돌리면, 이라크의 아부그라이브 교도소에서 미군이 포로에게 자행한 처참한 인권유린 행위*에 대해 미국 정부가 취했던 딴청, 회피, 무시 등의 태도가 대표적인 사례로 될 수 있다.

---

* 2004년에 아부그라이브 교도소에서 이루어진 대규모 강간, 폭행을 비롯한 광범위한 가학행위로 사망자만 5명 이상이 발생한 미군의 이라크포로 학대사건이다. 미국 국방부는 17명의 군인 및 직원을 해임했으며, 고작 7명의 군인들이 군법 회의에서 유죄 판결을 받았다. 교도소는 2014년 4월 15일 폐쇄되었다.

1장 무지와 미지

지식에 대한 인식체계

객관적 대상 / 주관적 인식	앎 (knowns)	미지 (unknowns)
알려진 (known)	알려진 앎 (known knowns)	알려진 미지 (known unknowns)
알려지지 않은 (unknown)	알려지지 않은 앎 (unknown knowns)	알려지지 않은 미지 (unknown unknowns)

알려지지 않은 앎은 우리가 알고 싶지 않거나 알려주고 싶지 않은 앎이다. X가 아닌 공간에 있으므로 누군가는 알고 있으며 모두에게 밝혀져야 하는 영역이다. 그렇지만, 어떤 음모로 또는 외면으로 마치 X처럼 취급받는 공간이다. 누군가에 의해 꾸준히 이어지는, X의 정체를 감추려고 시도하는 반문명적이고 반지성적인 움직임으로 인한 산물이다.

4 　조하리의 창, X 분석도구

　럼스펠드의 2002년 기자회견은 그를 비판하는 사람은
물론 그를 지지하는 사람과 중립적인 위치에 선 사람 모
두에게서 오랫동안 회자되었다. 럼스펠드 스스로도 이
런 유명세에 기대어 2011년에 회고록을 펴내면서 제목을
[Known and Unknown: 회고록]이라고 붙였다. '아는 그리
고 모르는'으로 해석될 수도, '앎과 미지'로 받아들여질 수
도 있는 표현이다. 책을 많이 팔기 위해서는 제목을 잘 붙
여야 한다는 사실은 그에게 '알려진 앎'(known knowns)이 분
명하다.
　럼스펠드는 회고록에서 자신은 이와 유사한 표현을 미

항공우주국(NASA)의 관리자로부터 들었다고 썼다. 실제이 용어는 NASA 내부에서 사용되었으며, 그 뿌리는 '조하리의 창'(Johari window)이다. '조하리의 창'은 1955년에 미국심리학자 조셉 러프트(Joseph luft)와 해링톤 잉엄(Harrington Ingham)이 만든 인간관계 이해도구로, 두 사람의 이름 앞글자를 딴 명칭이다. 지금도 심리검사 도구로 사용되고 있는 '조하리의 창'은 '나'를 인식의 대상으로 하며, 인식하는 주체를 나와 타자인 남으로 각각 나누어 설명한다.

즉, 나는 내가 아는 나와 나도 모르는 나로 이루어져 있음을 인정하고 이 둘의 영역을 구별한다. 동시에 남도 나에 대해 아는 부분이 있고 모르는 부분도 있으므로 여기도 영역을 나눈다. 이렇게 나누고 구분하다 보면 내가 분류한 영역과 남이 구획한 부분이 서로 겹치기도 하고 엇갈리기도 한다. 그러므로 나라는 실체를 자세히 들여다보면, 나도 알고 남도 아는 부분(공개 영역)이 있는가 하면, 나는 모르지만 남은 알고 있는 부분(맹점 영역)이 있다. 여기에다 나는 알지만 남은 모르는 부분(비밀 영역)이 있게 마련이고, 나도 모르고 남도 모르는 부분(미지 영역)도 있다.

사람마다 특정영역이 다른 영역보다 넓게 형성되어 있는 특징이 있으며, 이 결과 각각의 대인관계 성향은 공개

영역이 넓은 개방형, 맹점영역이 넓은 주장형, 비밀영역이 넓은 신중형, 그리고 미지영역이 넓은 고립형 등으로 분류되기도 한다. 조하리의 창에서 바람직한 인간관계 유형은 공개영역이 넓은 개방형이다. 따라서 이 분석틀에서는 인간관계를 개선하기 위해서 공개영역을 넓히고 나머지 영역을 줄이라고 권고한다. 솔직해져야 친구 사귀기 좋다는 얘기이다.

조하리의 창은 개인의 인간관계 뿐 아니라, 기업과 공공조직 그리고 국가의 위기관리에 응용되곤 한다. 개인 차원의 인간관계가 조직간의 관계로 가면 결국 위기관리가 되기 때문이다. 그러므로, 럼스펠드가 언급한 앎과 미지 혹은 무지의 영역은 각각 조하리의 창 중 하나에 대응된다.

내가 인식한 나 / 남이 인식한 나	내가 아는 부분 앎(knowns)	내가 모르는 부분 미지(unknowns)
남이 아는 부분 알려진(known)	**공개 영역: 공개된 나** 알려진 앎(known knowns)	**맹점 영역: 나는 모르지만 남이 보는 나** 알려진 미지(known unknowns)
남이 모르는 부분 알려지지 않은(unknown)	**비밀 영역: 남들에게 숨겨진 나** 알려지지 않은 앎(unknown knowns)	**미지 영역: 그 누구도 모르는 나** 알려지지 않은 미지(unknown unknowns)

조하리의 창에 대응되는 위험관리

예컨대, 조하리의 창에서 나타난 개인의 공개영역은 조직에서는 '알려진 앎'(known knowns)에 대응되고, 이 부분의 위기는 일상적인 유지보수 차원의 예측 가능한 위험이다.

나는 모르지만 남들은 아는 나의 모습인 맹점 영역은 조직으로 가면 '알려진 미지'(known unknowns)에 대응된다. 전문가들은 이 영역의 위기로 소셜 미디어를 들기도 한다. 누군가를 향한 관심이 상존하는 상황은 다 알고 있지만, 갑자기 펜과 카메라가 나를 향할 수도 있는데다 그때가 언제일지 모르기 때문이다. 럼스펠드 입장에서는 이라크가 화학무기 정도는 보유하고 있으며 이를 테러집단에 공급할 수도 있지 않겠느냐고 주장하고 싶었을 것이다.

그런가하면 나도 모르고 남도 모르는 내 모습인 미지영역은 조직의 위기관리에서 '알려지지 않은 미지'(unknown unknowns)에 대응되어, 미리 알 수도 완벽하게 대비할 수도 없다. 보통 어쩔 수 없이 겪어야 하는 갑자기 몰아친 거대 자연재해가 하나의 실례로 설명된다. 여기서 럼스펠드는 이라크의 사담 후세인이 핵무기나 그 원료가 되는 고농축 우라늄 혹은 치명적인 질병을 유발하는 생화학무기를 어딘가에 감추고 있는지 모르는 일 아니냐고 오히려 기자들에게 질문을 던지는 셈이다.

조하리의 창에 있는 비밀영역인 남들은 모르고 나만 아는 내 모습은 '알려지지 않은 앎'(unknown knowns)에 대응되며, 위기를 외면하는 위험이다. 조직에 위기가 닥치는데도 장밋빛 전망을 제시하며 비판을 가로막는 행위가 여기에 해당된다고 볼 수 있다. 럼스펠드가 끝까지 감추고 싶어 했고, 기자회견에서는 언급조차 하지 않았던 내용이다.

조하리의 창에서 공개영역이 넓은 개방형이 대인관계에서 바람직한 모습이듯이, 위기관리에서도 모든 영역의 위기를 공개영역에 대응되는 알려진 앎의 공간으로 전환시켜야 위기가 최소화된다. 2020년 봄 코로나19 감염병(COVID-19)에 맞선 한국 정부의 대응방식과 일치한다. 이라크전을 준비하던 미국에서는 이라크에서 사담 후세인을 제거해야 이런 전환이 가능하다고 본 듯하다. 그러나 실제로 이라크를 점령한 뒤 사담 후세인도 사형에 처했지만 테러단체인 이슬람국가의 발흥 등 예측 불가능한 미지영역이 가장 넓어지는 최악의 결과를 가져왔다. 미국은 이라크에서 미지든 무지든 X를 제거하겠다고 선언했지만 이라크를 포함한 레반트* 지역 전체로 X를 확산시키고

---

* 레반트(Levant)는 역사적으로 근동의 팔레스타인(고대의 가나안)과 시리아, 요르단, 레바논 등이 있는 지역을 가리키는 말이다.

말았다.

　결국 공개영역은 전쟁이 아닌 평화를 통해서만 확산시킬 수 있다는 사실을 미국뿐 아니라 전 세계가 재확인했다. 다만, 이를 교훈으로 받아 들였는지는 알 수 없다. 럼스펠드의 사례에서 보듯이, X의 실체를 밝히기 위해 개발된 모든 분석도구는 한편에서 X의 정체를 감추려는 시도에도 이용되고 있으므로, 오남용을 바로 잡는 노력 역시 X를 밝히려는 탐구과정에 속한다.

위기관리 분석도구, '커네핀 구조'

조하리의 창에서 비롯된 위기관리 구조를 설명하면서 '알려지지 않은 앎'(unknown knowns)을 고의로 빠뜨린 럼스펠드는 차라리 커네핀 구조(Cynefin framework)를 설명했으면 비판을 덜 받았을 수도 있다. 커네핀 구조에는 아예 알려지지 않은 앎에 대응되는 공간이 없기 때문이다. 커네핀 구조는 IBM이 의사결정을 위한 관리자의 상황인식 및 타인과의 차이 이해를 돕기 위해 만든 분석도구로, 웨일즈 방언으로 '서식지'라는 뜻을 가지고 있다.

커네핀 구조는 의사결정자에게 문제를 공간적으로 볼 수 있는 장소 감각을 제공한다. 서 있는 곳이 다르면 보이는 풍경이 다르기 때문이

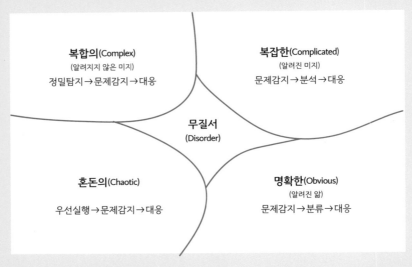

커네핀 구조

다. 이를 위해 모든 문제를 명확한(Obvious), 복잡한(Complicated), 복합의(Complex), 혼돈의(Chaotic)라는 4가지로 분류하고, 어디에도 속한다는 판단을 할 수 없을 때는 우선 무질서(Disorder)로 둔다.

명확한 영역에서는 문제를 감지하고 분류하여 대응하면 된다. 럼스펠드가 말한 '알려진 앎'(known knowns)에 해당된다. 복잡한 영역은 '알려진 미지'(known unknowns)에 해당되는 공간으로, 전문적인 분석이 필요하다. 복합의 영역은 위기가 발생하는 공간으로 '알려지지 않은 미지'(unknown unknowns)에 해당된다. 복합의 영역에서는 정밀 탐지를 통해 문제를 감지하고 대응해야 한다. 럼스펠드는 이라크 문제가 복잡한 영역이거나 복합의 영역에 속한다고 말한 셈이다. 럼스펠드가 의도적으로 혹은 몰라서 생략한 '알려지지 않은 앎'(unknown knowns)에 대응되는 영역은 커네핀 구조에도 없다.

커네핀 구조에서 혼돈의 영역은 복잡성이 극대화된 상태의 공간이다. 여기서는 문제를 감지하는 것이 불가능하므로 감지 이전에 실행부터 먼저 해봐야 한다. 아예 문제를 어디로 두어야 할지 분류 자체가 불가능한 무질서 영역도 있다. 이 무질서 영역은 그 자체의 대응방법이 제시되지 않으므로, 이를 해결하려면 문제를 4개 영역으로 이동시켜서 그 영역의 해결원칙을 따라야 한다. 무질서 영역에 있는 문제를 다른 영역으로 옮기기 위해서는 문제를 잘게 나누어야 한다. 나누어져서 작아진 문제는 재분류될 수 있는 각각의 영역을 드러내기 때문이다.

1장 무지와 미지

미지와 무지

"더듬기와 탐침으로 살피기 그리고 찔러보기에다, 약간의 갈팡질팡과 실수입니다. 그러다가 종종 우연히 스위치가 발견되고 불이 켜지면 사람들이 '와, 이렇게 생겼네요!'라고 하죠. 그리고 나서 다음 고양이를 찾으러 옆방으로 갑니다."

페르마의 마지막 정리*를 증명한 앤드류 와일즈(Andrew Wiles, 1953~)가 언급했듯이 과학은 어두운 방에서 검은 고양이 찾기만큼 어려운 일이다. 특히 고양이가 없을 때는

---

* $x^n + y^n = z^n$에서, n이 3 이상일 때 위 방정식을 만족시키는 정수해(x, y, z)가 없다는 것이다. 페르마가 1637년에 그리스 수학자 디오판토스가 쓴 책 '산학'의 여백에 기록해 두었고, 1994년에 앤드류 와일즈가 증명하였다.

더욱 그렇다. 그 방은 넓고 크다. 문명이 시작된 약 5천 년 전부터 2003년까지 인류가 생산한 정보는 5엑사 바이트 (10^{18}byte)로, 기가(Giga) 바이트 단위 50억개에 해당되는 양이다.

그런데 2003년부터 2010년까지 기간에는 이틀마다 5엑사 바이트의 정보를 생산했고, 2010년부터 2013년까지는 10분마다 이 양을 만들어냈다. 이 모든 정보를 우리가 다 뒤질 수는 없는 노릇이다.

이 많은 정보가 가득 찬 방에서 꼭 필요한 정보를 찾기 위해서는 '제어된 무시'를 통한 선택적 접근이 필요하다는 것이 콜롬비아대학 생물학과 교수인 스튜어트 파이어슈타인(Stuart J. Firestein, 1948~)의 주장이다. 게다가 이미 알려졌든 아직 알려지지 않았든, 앎(knowns)에 기초한 조사보다는 '무지'를 바탕으로 탐구하는 것이 더 가치 있다고 보았다. 파이어슈타인은 자신의 책 '무지: 어떻게 과학을 전진시키는가'[**]에서 '무지(ignorance)'란 럼스펠드의 분류 중 '알려지지 않은 미지'(unknown unknowns)라고 해석한다. '알려진 미지'조차도 과학의 전진에는 크게 도움이 되지 않는다고 본 셈이니 무지야말로 그에게는 X이다.

[**] Firestein, Stuart (2012). Ignorance: How it Drives Science. Oxford University Press.

앤드류 와일즈가 증명한 페르마의 마지막 정리 자체는 알려진 미지였다. 하지만 파이어슈타인은 앤드류 와일즈를 자신의 책에서 인용할 만큼 그의 업적을 높이 샀다. 증명을 위해 사용한 방법이 바로 자신이 '무지'라고 정의한 '알려지지 않은 미지'를 활용한 것이라고 보았기 때문일 것이다.

파이어슈타인의 무지에 대한 혁신적인 관점은 무지라는 과목으로 개설한 특강 내용에서도 드러난다. 초청연사로 온 과학자는 자신이 알고 있는 내용이 아니라, 자신이 모르는 내용 혹은 자신이 모르는지조차도 모르는 내용에 대해서 강연해야 한다.

파이어슈타인은 과학이 일반 대중의 생각처럼 관찰, 가설, 조작, 추가 관찰 및 새로운 가설검증의 과정을 단계적으로 거치는 과정을 따라가지 않고 대부분 그 길에서 벗어나기 때문에, 무지의 공간에 과감하게 발을 먼저 내딛어야 새로운 영역을 개척할 수 있다고 본다. 그래서 럼스펠드의 분류에다 내재적이고 극복할 수 없는 한계로 인해 우리가 모르는 '알기가 불가능한 미지'(unknowable unknowns)를 덧붙이기도 했다.

파이어슈타인은 한 예로 '역사'를 알기가 불가능한 미지라고 보았다. 그러나 역사란 현재 이전에 일어난 일이므로 역사로 기술된 문헌자료 말고도 천문학, 우주론, 지질학, 고고학, 고생물학 및 진화생물학 등 과학을 활용하여 조사하고 검증할 수도 있다. 과거 진화과정에서 일어난 어떤 변종의 생성에 대한 가설 검증을 실험실 안에서 엄격한 학문적 탐구과정을 통해 성공적으로 마무리했다면 가설을 확인된 앎으로 승인하지 못할 이유는 없다.

이런 논리의 연장선에서 볼 때 알려지지 않은 미지의 일부를 굳이 알기가 불가능한 미지로 분류할 필요는 없다는 반론은 강한 설득력을 가진다. '알려진 미지'(known unknowns)이든, '무지'(ignorance)로 해석되는 '알려지지 않은 미지'(unknown unknowns)이든 모두 X의 영역에 있다.

설사 '알려지지 않은 미지' 속에 다른 미지와 구별되는 '알기가 불가능한 미지'(unknowable unknowns)가 있다 해도 그 역시 X와 구별하려는 시도가 바람직하지만은 않다.

'무지'나 '알기가 불가능한 미지'를 강조하는 주장의 극단에는 종교 원리주의로 무장한 창조과학론, 홀로코스트를 부인하는 역사 부인론, 기후변화를 외면하는 과학 부정론이 웅크리고 있는 경우가 대부분이다. X의 신비화 또한 막아야 하는 이유이다.

X

1 방정식과 미지수

　

수학에서 방정식(equation)은 등호표시(=)를 기준으로 왼쪽과 오른쪽이 같다는 선언이다. 일반적으로 방정식의 등호표시 양쪽 중 적어도 한쪽에는 수로 표시될 수 있는 기호가 포함되어 있어서 이 기호에 특정한 값을 주었을 때만 식은 성립하게 된다. 방정식을 성립시키는 이 특정한 값을 답 또는 해(solution)라고 한다.

　2 + □ = 5

위 방정식은 등호 왼쪽의 (2+□)가 등호 오른쪽의 5와 같다는 뜻이며, 여기에서 사용된 기호 □가 3일 때만 이 식은 성립한다. 따라서 이 방정식의 해는 3이다. 답을 구하기 전까지 □는 미지수이며 방정식은 이처럼 미지수를 구하기 위한 식이다.

방정식의 역사는 오래 되어서 고대 그리스에서도 활발히 연구되었다. 관련 기록은 알렉산드리아에서 활동했던 그리스 수학자 디오판토스의 저서인 '산학'(Arithmetica)에서도 발견된다. 산학에서 디오판토스는 문제풀이 규칙을 제시하는데, 오늘날 초급 산술문제 풀이과정이 이 시기에 이미 확립되었음을 알 수 있다.

1. 문제를 방정식으로 변환하라.
2. 방정식에서 미지수를 특정하라.
3. 계산해서 해를 찾아라.
4. 검산해라.

여기서 가장 중요한 내용은 디오판토스가 미지수로 □나 다른 기호 대신 문자를 사용했다는 사실이다. 방정식의 양변이 같음을 표시하는 등호표시(=)도 1557년에 발명되었으므로, 당시의 방정식은 대개 글로 표현되었다. 이 상

디오판토스의 '산학',
1621년 라틴어판

황에서 미지수 표시를 문자로 대체한 것은 복잡한 방정식
을 상대적으로 쉽게 이해할 수 있도록 한 대단한 혁신이었
다. 다만, 어떤 문자로 미지수를 표시할지는 특정하지 않
아서 아무 글자나 사용했다.

　디오판토스는 수학자답게 자신의 묘비에도 문제를 남
겼다. 그의 나이를 알기 위해서는 그가 제시한 풀이과정을
따라가야 한다. 문제에 해당하는 묘비에 쓰인 글은 이렇다.

2장 미지가 X되기까지

여기 디오판토스가 누워있다. 궁금한 사람들은 보라.

대수학 기법을 통하면 이 묘비에서 그의 나이를 알 수 있을 지니:

신의 허락으로 그는 삶의 1/6을 소년시절로 보냈고,

그로부터 삶의 1/12이 지난 뒤에는 얼굴에 수염이 자라기 시작했으며;

그리고 다시 삶의 1/7이 지난 뒤 결혼생활이 시작되었고,

결혼 5년 뒤에 귀한 아들을 얻었다.

아! 석학이자 현자의 사랑하는 아들,

그는 아들이 자기 삶의 절반밖에 살지 못하는 냉혹한 운명을 겪어야 했다.

그 후 4년간 정수론에 몰입하는 것으로 자신의 운명을 달래고는 생을 마쳤다.

디오판토스의 나이는 위 문장을 방정식으로 만들어 계산하면 84세*가 된다. 그러나, 그가 언제 태어났는지는 정

---

* 이 문제를 방정식으로 변환하기 위해서는 우선 구하고자 하는 그의 나이를 미지수로 특정해야 한다. 미지수인 디오판토스의 나이를 그리스 문자 α로 특정하면 다음과 같은 방정식으로 표시할 수 있다. 물론 디오판토스 당대에 덧셈부호나 등호표시는 없었지만 현대식으로 서술한 것이다.

α(나이)=α/6(소년 시절)+α/12(수염 전)+α/7(결혼 전)+5(득남 전)+α/2(아들나이)+4(정수론)

디오판토스의 문제풀이 규칙을 따라 이 방정식을 계산하면 α=84가 나오고, α자리에 84를 넣어서 검산하면 등호표시(=) 양쪽이 84로 같음을 확인할 수 있다.

확히 알지 못한다. 수학사학자들 사이에서는 서기 1세기 중반부터 4세기 초반**까지 다양한 주장이 있다.

디오판토스는 자신의 책인 산학에 여러 개의 방정식을 정리해두었다. 디오판토스 방정식으로 불리는 이들 중 가장 유명한 방정식은 미지수 3개를 정수로 구하는 문제이다.

$$a^n + b^n = c^n$$

여기서 미지수는 a, b, c이며, 지수 n은 조건을 나타내는 상수이다. n이 1일 때 방정식을 만족시키는 정수로 된 해는 (1, 2, 3), (2, 3, 5), (3, 4, 7) 등 무수히 많이 구할 수 있다.

지수 n이 2가 되면 이 식은 유명한 피타고라스 정리 $(a^2+b^2=c^2)$가 된다. 피타고라스 방정식을 만족시키는 정수 해도 (3, 4, 5), (5, 12, 13), (7, 24, 25) 등 무한히 많이 존재한다.

지수 n이 3 이상이면 이 방정식을 만족하는 정수해는 없다. 페르마(Pierre de Fermat, 1607~1665)의 마지막 정리로 알려

** 415년까지 알렉산드리아에 살았던 여성 철학자이자 수학자인 히파티아의 책에 디오판토스의 산술에 대한 해설이 있기 때문에 그 이전 사람으로 본다.

진 명제다. 페르마는 프랑스에서 1621년에 라틴어로 펴낸 디오판토스의 산학(Arithmetica)의 여백에다 자신의 정리를 적어 두었다. "나는 이것을 경이로운 방법으로 증명하였으나, 책의 여백이 충분하지 않아 옮기지는 않는다." 1637년의 일이었다.

이 정리는 그로부터 350여년이 흐른 1994년이 되어서야 앤드류 와일즈(Andrew Wiles, 1953~)가 증명하게 된다. 한국인 김민형(1963년~)도 앤드류 와일즈와 다른 방법으로 페르마의 마지막 정리를 증명해서, 한국인 최초로 옥스퍼드 대학교 수학과 정교수로 임용되었다.

고대 그리스 수학에서 사용된 미지수는 디오판토스가 제안한 모든 알파벳이었다.

2 미지수 표시의 규칙을 제시한 비에트

대수학은 이름 그대로 수 대신 문자를 사용하여 문제를 푸는 방법을 연구하는 수학의 한 분야이다. 그렇다면 디오판토스의 학문도 대수학의 범주에 든다고 볼 수 있을까? 디오판토스가 방정식을 정리하고 미지수 자리에 문자를 사용했다고 해도 그의 학문을 대수학이라고 정의하기를 주저하는 수학사학자가 많다. 대수학이라기보다는 연산에 중점을 둔 산술 수준에 머물렀다고 보는 것이다.

대부분의 수학자들은 8세기 후반에서 9세기 전반까지 살았던 페르시아의 수학자 알 콰리즈미(Muhammad ibn Musa al-Khwarizmi, 780~850)를 대수학의 아버지로 부른다. 알 콰

리즈미는 2차방정식을 계산하는 여러 방법들을 체계적으로 정리하였고, 무엇보다 방정식의 해를 구하는 법을 제시했다. 컴퓨터 연산에서 자주 쓰이는 계산수행절차인 알고리즘이란 단어도 알 콰리즈미의 이름에서 비롯되었다. 대수학을 뜻하는 영어 단어 algebra도 알 콰리즈미의 저서인 '약분, 소거 계산론'의 원 제목에 있는 '묶음'이라는 뜻의 아랍어 al-jabr에서 유래되었다. 무엇보다 알 콰리즈미는 개별 문제의 해를 구하는 데 집중하였다.

알 콰리즈미와 비교할 때, 디오판토스는 산술문제를 처리하는 규칙을 정교하게 다듬어서 이 규칙이 실제로 어떻게 사용되는지 보여주었다. 알 콰리즈미 이후 수학자들은 대부분 알 콰리즈미의 연구방향을 따랐으며, 디오판토스의 연구와 비슷한 방향으로 연구한 수학자로 유의미한 업적을 남긴 사례로는 16세기 후반에 프랑스에서 활동한 비에트(Francois Viète, 1540~1603)가 있다. 비에트는 법학을 공부해서 앙리 3세와 앙리 4세 시절에 프랑스 왕실변호사로 일하면서 틈틈이 수학을 연구한 사람이었다.

비에트의 방식도 디오판토스처럼 문제해결의 규칙을 정교화하는 것으로, 구체적으로는 문제를 방정식 형태로 변환하고, 방정식을 계산해서 해를 구한 뒤, 그 결과를 이용하여 원래 문제를 해결하는 것이었다. 그는 디오판토스 이후 발전한 수학을 적용하여 디오판토스의 문제풀이 규칙을 보다 체계적으로 발전시켜, 중세 대수학의 끝에서 근대 대수학의 장을 열었다고 평가받는다.

비에트 역시 디오판토스처럼 방정식에서 미지수를 문자로 대체하는 방법을 제안하였다. 비에트는 디오판토스에서 한 걸음 더 나가 방정식의 해를 구하기 위해 사용되는 미지수와, 미지수를 매개하는 수인 매개변수를 구분하였다. 즉, 미지수를 모음으로 표시하고, 매개변수는 자음으로 나타냈다. 비에트의 표시 방법으로 앞서 소개한 디오판토스 방정식을 쓰면 '$a^n + e^n = i^n$' 이 된다. 매개변수인 자음 n이 1, 2, 3 등일 때 이 식을 만족하는 모음 a, e, i를 찾아야 한다.

근대 대수학의 초기에 계산해야 할 미지수는 a, e, i, o, u로 표기하자고 제안되었다.

3 데카르트의 기하학과 X

데카르트(René Descartes, 1596~1650)는 어려서부터 몸이 약했다. 그런데다 데카르트를 낳고 얼마 지나지 않아 어머니가 돌아가시는 바람에 주변에서는 살아남기 어려울 거라는 걱정을 할 정도였다. 어린 데카르트는 할머니 손에서 자란 뒤에 건강문제를 고려해서 예수회가 운영하는 기숙학교로 진학했다. 교장선생님은 몸이 약한 데카르트가 아침시간에는 침대에 늦게까지 누워있을 수 있도록 배려해주기도 했다. 누워있는 시간에 명상을 통해 철학적 사유를 확장해나갔다는 데카르트는 침대와 관련한 유명한 일화도 남겼다.

'용병으로 참여했던 병영에서 혹은 그 이후의 어느 시기에 머물던 곳에서 침대에 누워 있다가, 천장에 붙은 파리의 위치를 설명하기 위한 방법을 생각해내서 직교좌표계를 떠올리게 되었다'는 이야기다. 천장을 직사각형으로 그려보면, 왼쪽 세로선과 바닥 가로선이 만나는 모서리를 기준점으로 생각할 수 있다. 파리의 위치는 기준점에서 수평과 수직방향으로 각각 얼마만큼 이동해야 하는가를 표시하면 설명할 수 있다.

이 일화를 두고 '데카르트의 파리'라고 하면서 진실여부를 다투는 사람도 있지만, 평면의 한 점을 나타낼 때 서로 직각으로 교차하는 수평축(X축)과 수직축(Y축)을 기준으로 하는 직교좌표축은 데카르트가 처음 제시했다는 사실은 누구나 인정한다. 기준점을 직사각형의 모서리가 아니라 중심부로 옮겨오면 음(-)의 위치에 있는 점도 표시할 수 있다. XY 직교좌표를 카르테시안 좌표라고 하는 이유도 데카르트의 라틴어 이름이 '레나투스 카르테시우스'(Renatus Cartesius)이기 때문이다.

직교좌표계에서 X축과 Y축의 길이를 무한대로 늘이면 2차원 평면상의 모든 위치를 표시할 수 있다. 여기에다 X축 및 Y축과 동시에 직각으로 교차하면서, X축과 Y축이

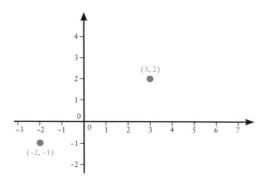

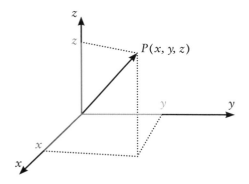

만나는 원점을 지나는 Z축을 추가하면 3차원 공간상의
모든 위치를 나타내는 것도 가능해진다. 데카르트가 제안
한 직교좌표계 개념은 해석기하학으로 확장된다. 카르테
시안 좌표축처럼 카르테시안 기하학이라고도 불리는 해

2장 미지가 X되기까지

석기하학은 대수학을 이용하여 기하학을 설명하는 학문이다.

데카르트는 1637년에 프랑스어로 출판한 '방법서설'에 포함된 기하학 에세이에서 이를 설명한다. 정확한 이름이 '이성을 잘 인도하고, 학문에 있어 진리를 탐구하기 위한 방법서설, 그리고 이 방법에 관한 에세이들인 굴절광학, 기상학 및 기하학'인 이 책에서 데카르트는 방정식의 미지수 표기를 X, Y, Z 순서로 쓰자고 제안한다. 데카르트의 새로운 제안은 방정식에서 미지수를 X, Y, Z로 표시하고 알고 있는 수는 A, B, C로 쓰는 방법이다. 이 방법으로 미지수를 표시하면 방정식의 X, Y, Z가 데카르트가 제안한 직교좌표계의 좌표축인 X, Y, Z와 연계되어 해석될 수 있다는 장점도 가진다.

미지수가 여러 개일 때는 X, Y, Z이지만 그 대표는 X였다. 게다가 일반적인 방정식에서 미지수는 대개 하나이므로 구하고자 하는 답이자 미지수는 X라는 개념이 자리 잡기 시작했다. 디오판토스에게 미지수는 모든 문자였고, 비에트에게 미지수는 모음이었으며, 데카르트가 제안했던 미지수는 X, Y, Z였으나 결국 X가 남았다. 데카르트 방식으로 페르마의 마지막 정리를 다시 쓰면 '$x^n + y^n = z^n$'이 된다. 현재 우리가 사용하는 익숙한 방식이다.

　미지수가 모든 알파벳이었다가 모음을 거쳐 X만 남게 되는 과정은 데카르트 형이상학의 제1원리인 '나는 생각한다, 고로 존재한다.(Cogito ergo sum)'에 도달하는 방법과도 닮았다. 방법론적 회의주의자였던 데카르트는 의심할 여지가 없는 진리를 찾으려 했다. 그 과정에서 의심할 수 있는 모든 것을 제거해 나갔다. 자신의 감각을 통한 경험도 잘못되었을 확률이 높기 때문에 의심했다. 감각을 통한 경험마저 제거하자 남는 것은 의심하는 자신뿐이었다.

　데카르트는 자신의 존재까지 의심하려 했다. 그러나 자신이 존재하지 않는다면 의심도 할 수 없으므로, 의심하고 있다는 사실이야말로 자신의 존재를 증명하는 것이다. 데카르트에게는 의심하고 있는 자신만이 남았고, 우리에게 미지수는 X만 남았다.

　수학에서 미지수로 존재를 확인시킨 X는 시간이 지나면서 점차 수학의 울타리를 넘어 알지 못하는 것 일반을 통칭하는 개념으로 확장된다. 앎과 모름의 경계가 분명해야 하는 과학 분야에서는 관찰된 현상을 과학적으로 설명할 수 없을 때 그 현상 자체를 X로 부르기 시작했다. 어느 순간 X는 우리가 알아야 하는데 알지 못하는 어떤 것으로 자

　　　　　　　　　　　　　　　　　　　　　　2장 미지가 X되기까지

루네 데카르트

데카르트는 자신의 존재까지 의심하려 했다.
그러나 자신이 존재하지 않는다면 의심도 할 수 없으므로,
의심하고 있다는 사실이야말로 자신의 존재를 증명하는 것이다.
데카르트에게는 의심하고 있는 자신만이 남았고,
우리에게 미지수는 X만 남았다.

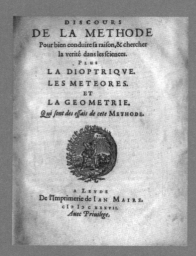

데카르트의 '방법서설'

리 잡기 시작했다.

데카르트가 '방법서설'을 펴낸 1637년은 페르마가 디오판테스의 책 '산학'의 여백에다 그의 마지막 정리에 관한 주석을 달았던 해이기도 하다. 데카르트 이후 미지수는 X로 정리되었다.

기표와 기의, X

언어학자 소쉬르(Ferdinand de Saussure, 1857~1913)는 언어를 기표(시니피앙)와 기의(시니피에)로 구분했다. 아주 단순하게 정리하면 기표란 언어를 발음하는 음성 또는 언어를 문자로 적은 모양이고, 기의는 기표가 나타내는 의미를 말한다.

X를 예로 들면 'X'라는 문자와 '엑스'라는 음성은 기표가 된다. 이 문자와 음성을 보거나 들을 때 가지게 되는 개념인 '24번째 로마문자' 또는 '미지수'는 기의가 된다. 누군가는 '미성년자 관람금지', '불가', '아님' 또는 '가위'를 'X'의 기의로 떠올릴 수도 있다. 기표와 기의를 하나로 합

치면 기호가 된다.

X를 그리스어로는 '키'로 발음하고, 이 문자는 러시아와 스코틀랜드 등에서 '안드레아의 십자가'를 상징하기도 한다. X라는 그리스 문자와 '키'라는 음성으로 나타나는 기표는 '안드레아의 십자가'라는 기의를 표시하는 것이다. 그런데 영어가 세계화되면서 'X'를 '안드레아의 십자가'로 인식하면서도 '키'로 발음하기보다는 '엑스'로 읽는 경우가 점점 더 많아진다. 오늘날 다른 그리스어 문자와 함께 쓰인 경우를 제외하고 X의 음성 기표는 '엑스'로 단일화되는 경향을 보인다.

X의 기의도 여러 가지가 있었지만 '미지수'가 점차 영역을 확장해 지배적인 위치를 차지한다. 하나의 기의가 크게 확장되면 다른 기의가 가지는 영역은 줄어들기 마련이므로, X라는 기호가 가지는 기의는 '미지수'를 거쳐 '미지'로 모여지는 과정으로 보이기도 한다. 현재 X의 음성 기표는 '엑스'로, 기의는 '미지'로 통일되고 있는 중이다.

X의 기표가 '엑스' 하나로 모이는 데에는 대영제국과 이를 이어받은 미국의 힘으로 영어가 세계어로 자리 잡은 것이 큰 영향을 미쳤다. 마찬가지로 X의 기의가 '미지'로 집중되는 과정에는 수학 방정식을 많이 다루던 과학자들이

미지수를 나타내던 X를 자연과학 분야의 미지를 표시하는 데도 사용한 것이 큰 역할을 했다.

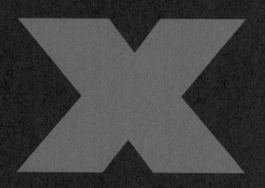

1 음극선관과 전자

데카르트는 자신이 만든 공간좌표를 적용한 기하학적 공간이 길이(X), 폭(Y), 높이(Z)로 끝없이 연장가능하며 무한히 작은 크기로 분할가능하다고 보았다. 이 기하학적인 공간은 실재 세계의 공간과 일치하고, 이 실재 세계에는 물질이 가득 차 있다고 생각했다. 공간에는 물질이 존재하고 공간이 늘어나면 물질도 연장되어 존재하므로, 진공이란 있을 수 없다는 것이 데카르트의 설명이었다. 일찍이 아리스토텔레스(Aristoteles, 기원전 384~322)가 부정했던 진공을 수학적으로 보충 설명한 것이다.

그렇지만 데카르트 사후 4년만인 1654년에 독일의 오토 폰 게리케(Otto von Guericke, 1602~1686)가 구리로 된 반구 2개를 붙이고 진공펌프로 내부의 공기를 빼내는 데 성공했다. 데카르트가 설명한 대로라면 안쪽의 공기를 강력한 힘으로 빼면 구리 구의 표면은 납작하게 서로 달라붙어야 하는데 멀쩡했다. 게다가 구리 구 내부를 진공으로 만들자 외부 공기가 두 반구를 강력하게 밀착시켜서, 말 16마리를 동원하고서야 두 반구를 겨우 떼어낼 수 있었다.

진공이 실재한다고 밝혀지자 빛의 본질을 파동이라고 주장하던 네덜란드의 하위헌스(Christiaan Huygens, 1629~1695)는 온 우주에 가득찬 에테르(Aether)라는 매질을 통해서 빛의 전파가 가능하다고 주장했다. 진공구 속에도 에테르는 가득 차 있어야 하므로, 구의 외벽에 가해지는 공기의 압력을 설명하기 위해서 하위헌스는 에테르의 밀도가 0이라고 했다. 이 역시 고대 그리스인이 하늘에서 신들이 마시는 공기라고 상상했으며, 플라톤(Plato, 기원전428년~348년경)이 정의한 '에테르는 가장 투명한 공기'라는 말을 당대의 과학으로 설명한 것이다.

빛의 본질은 입자라고 주장해서 태양에서 지구 사이에 파동을 위한 매질을 끌어들일 필요가 없었던 뉴튼(Isaac Newton, 1643~1727)도, 자신의 중력이론을 매개하는 물질로

게리케의 진공 구
실험 묘사도

에테르의 존재를 주장했다. 절대온도 단위 켈빈(K)을 제안
한 켈빈(William Thomson, 1824~1907)은 열과 자기장을 전파
하는 매질이 에테르라고 주장했다. 전자기법칙을 수학으
로 정리한 맥스웰(James Clerk Maxwell, 1831~1879)도 전자기파
를 예측하고 그 속도가 빛과 같다고 계산하면서 에테르를
통해 전파한다고 했다. 맥스웰이 예측한 전자기파를 발진
하는데 최초로 성공해 진동수 단위에 이름을 남긴 헤르츠
(Heinrich Rudolf Hertz, 1857~1894)는 에테르가 공기 중이든 진

공이든 균일하게 존재하므로, 에테르를 매개로 하여 진행하는 전자기파 속도는 일정하다고 주장했다. 위대한 물리학자들도 19세기 말까지는 에테르의 존재를 의심하지 않았다는 이야기다.

1900년을 전후로 에테르는 없으며, 빛은 전자기파의 일종으로 진공 중에서도 전파한다는 사실이 확인되었다. 자기장은 매질을 필요로 하지 않으며 열은 전도, 대류, 복사(방사)를 통해 전달되므로 복사열은 진공에서도 전달될 수 있다고 밝혀졌다. 중력을 매개하는 중력자도 20세기 중반에 제시되었다. 진공과 에테르 이야기는 과학자들이라고 해서 도그마에서 벗어나기가 쉽지는 않다는 사실을 보여준다.

진공을 만들 수 있게 되자 그 안을 들여다보게 되었다. 유리로 진공관을 만들면 가능한 일이다. 그렇지만 투명한 공기를 빼서 진공을 만든다고 눈으로 보이는 변화는 나타나지 않으므로 그 안에다 뭔가 넣어서 반응을 관찰했으며, 전극을 넣고 전압을 가하자 재미있는 현상이 나타났다. 음극에서 무언가 나와서 양극으로 진행하고 있었다. 게리케가 진공실험에 성공한지 200여년이 지난 1800년대 후반에 독일의 가이슬러(Johann Heinrich Wilhelm Geißler,

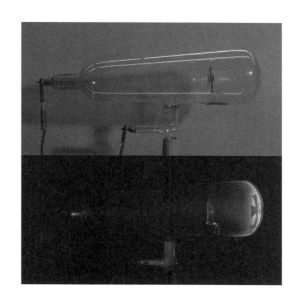

크룩스관의 왼쪽에서 나와
오른쪽으로 진행하는
음극선 관찰

1814~1879), 영국의 크룩스(Sir William Crookes, 1832~1919) 등
이 관찰한 결과였다.

음극에서 나와서 양극으로 향하는 이 입자 혹은 파동을
우선 음극선이라고 부르고 본질을 밝혀내기 위한 연구가
이어졌다. 헤르츠는 음극선을 파동이라고 생각했고, 그 제
자인 레나르트(Philipp Eduard Anton von Lenard, 1862~1947)는
이 입장에서 여러 실험을 하다가 음극선관의 벽에 아주 얇
은 알루미늄 판을 창문처럼 만들었다. 음극선관이 파동이

3장 과학의 X

라면 얇은 알루미늄 박막 내외부에 있는 에테르 진동이 서로 연결되어 음극선이 밖으로 나올 수 있다고 보았기 때문이다. 이 실험은 성공해서 음극선관 내부의 진공을 유지하면서도 음극선 일부가 얇은 창문 바로 앞까지 나오는 것이 보였다.

문제는 이렇게 나온 음극선이 전기장과 자기장에서 휘는 현상을 나타냈다. 파동이라면 전기장이나 자기장에서 휠 수 없으므로, 음극선이 입자라는 주장에 손을 들어준 실험이 되고 말았다. 그래도 레나르트는 파동설에 대한 신념을 굽히지 않고 계속해서 음극선이 파동인 증거를 찾으려고 했다. 그 사이에 레나르트가 만든 음극선관으로 실험하던 영국의 톰슨(Joseph John Thomson, 1856~1940)은 음극선의 본질이 입자의 흐름임을 발견하고, 개별 입자가 전자라는 사실을 밝혀냈다. 그러자 레나르트는 톰슨이 자신의 연구결과를 훔쳤다고 비난했다.

미지의 광선인 X-선도 레나르트의 음극선관을 사용하여 실험하다가 밝혀낸 현상이다.

전자가 가지는 전하를 음(-)으로 표시하는 이유는 처음 정해진 방향을 따라가는 이른바 경로의존성 때문이다. 컴퓨터 영문자판의 맨 윗줄을 왼쪽에서 오른쪽으로 읽으면

QWERTY순이 된다. 문자키가 서로 얽히지 않게 배열된 타자기 자판에 익숙해진 사람들은 전동타자기를 거쳐서 컴퓨터에 와서도 그대로 사용한다. 드보락(August Dvorak, 1894~1975)이 더 효율적인 드보락자판을 만들었지만 대부분의 사람은 QWERTY 자판을 그대로 사용한다. 한글 자판도 공병우박사의 3벌식 자판이 효율적이라고 하지만 대부분 2벌식 자판을 사용한다. 이런 현상을 경로의존성이라고 부른다.

번개가 전기현상임을 밝혀냈던 벤자민 프랭클린(Benjamin Franklin, 1706~1790)은 유리막대를 털가죽에 문지르는 정전기 실험에서 털가죽의 전하를 양전하(+)로, 유리막대의 전하를 음전하(-)로 정했다. 그러면서 양전하에서는 전기 유동체(electric fluid)가 넘쳐서 흘러나오고 음전하에는 전기 유동체가 부족해 흘러 들어간다고 보았다. 음극선이라는 이름도 유리막대의 전하와 동일한 부호의 전압을 가해준 전극에서 무언가가 흘러 나왔기 때문이다. 그런데 그 흘러나온 실체가 입자였고, 그 입자는 전기유동체인 전자였다. 전자는 프랭클린의 주장과는 반대로, 음극에서 나와 양극으로 흘러들어간다.

프랭클린이 털가죽과 유리막대의 전하 부호를 거꾸로

정했다면 그가 말한 대로 양전하를 가지는 전기 유동체가 음전하로 흘러간다는 설명과 잘 맞았을 텐데, 실제로는 양(+)과 음(-)이 바뀌고 말았다. 정전기만 알고 있던 프랭클린 시대에는 어쩔 수 없었던 선택이었다. 이렇게 음극선의 실체가 음극에서 흘러나오는 전기 유동체인 전자로 밝혀진 뒤에도, 전자의 전하부호는 프랭클린이 정한 대로 음(-)으로 계속 사용된다.

2 　　　　　　　　　　　　미지 그 자체, X-선

"간결하게 하기 위하여, 광선이란 용어를 사용할 것이고 다른 광선과 구별하기 위하여 'X-선'이라고 부를 것입니다."

물리학에서 X를 '모른다'는 뜻으로 선점한 사람은 뢴트겐(Wilhelm Conrad Röntgen, 1845~1923)이다. 뢴트겐도 음극선의 실체를 알아내려고 레나르트가 만든 얇은 박막 창문을 가진 음극선관으로 실험을 하다가 새로운 현상을 발견했다. 음극선 자체가 뭔지 모르는 마당에, 음극선도 아니면서 음극선관에서 발견된 새로운 현상이니 모른다고 할 수밖에 없었다.

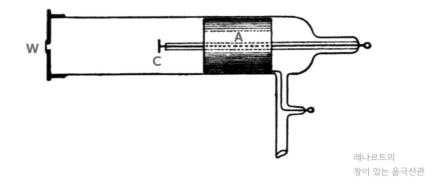

레나르트는 음극선관의 내부에 원통형 양극(A)으로 둘러싸이고, 한쪽 끝이 금속판으로 된 음극(C)을 설치하였다. 금속판은 레나르트 창(Lenard window)이라고 불리는 얇은 알루미늄 박막으로 덮인 음극선관의 작은 구멍(W)을 마주 보고 있으며, 알루미늄 박막은 진공이 유지될 수 있는 최소한의 두께를 가졌다. 음극인 금속판에 고전압이 걸리면, 나중에 전자로 밝혀진, 음극선이 금속판에서 튀어나와 대다수는 양극으로 가지만 이 중 일부는 레나르트 창을 통해 밖으로 빠져나와 대기 중으로 나오게 된다.

레나르트 창에 사용되는 알루미늄 박막은 아주 얇아서 손상되기 쉬웠다. 그래서 박막을 보호하기 위해 마분지 등 두터운 종이를 덧대었다가 음극선을 측정할 때만 종이를 치우는 방법이 사용되곤 했다. 레나르트의 실험을 재현해 보던 뢴트겐은 두터운 종이를 덧댄 상태에서 그것도 1미터 이상 떨어진 위치에 있던 형광판에서 형광이 발생하는 현상을 우연히 발견했다. 레나르트 창에 덧댄 종이를 치운다고 해도 당시까지 알려진 음극선의 특성상 도달할 수 없는 거리였다.

뢴트겐은 여기서 멈추지 않았다. 레나르트 창이 없는 음극선관으로도 실험을 반복했다. 형광판 종이가 형광을 나타내기 위해서는 자외선 등의 빛이 있어야 하므로, 빛을 확실히 차단하기 위해 검은색의 두꺼운 종이로 음극선관을 가리기도 했다. 실험 결과 음극선도, 그렇다고 자외선도 아니면서 두꺼운 종이를 통과하는 새로운 에너지가 밖으로 흐른다는 결론을 얻었다. 종이뿐 아니라 나무도 통과하는 이 새로운 에너지의 정체는 물론 발생원인도 알 수 없었던 뢴트겐은 임시로 X-선이라는 이름을 붙인 논문을 발표했다. 나중에 음극선의 본질이 전자로 밝혀진 뒤에야 X-선의 실체도 밝혀졌다. 전자의 전자기장 에너지가 퍼져나간 전자기파였다.

뢴트겐은 X-선이라는 이름을 사용했지만 동료 물리학자나 의사들은 뢴트겐선이라는 이름을 사용하기도 했다.

실제로 뢴트겐이 1901년에 수상한 제1회 노벨물리학상 시상 이유도 "뢴트겐의 이름을 딴 주목할 만한 광선의 발견"이었다. 뢴트겐이 실험을 통해서 종이와 나무를 X-선이 통과하는지 확인한 뒤에는 아내의 손을 찍어 보기도 했기 때문에, 의학적 응용을 예상할 수도 있었겠지만 특허를 출원하지는 않았다. 뢴트겐은 노벨상과 함께 받은 상금도 재직 중이던 대학에 기부했다. 이런 일로 인해 뢴트겐은 돈보다 명예를 존중한 사람으로 인정받는다.

그러나 레나르트는 그렇게 생각하지 않았다. 그는 뢴트겐이 처음 사용했던 장치를 개발한 자신이 X-선의 어머니이며 뢴트겐은 산파에 불과하다고 주장했다. 뢴트겐보다 4년 늦게 '음극선 연구'에 대한 공로로 1905년 노벨 물리학상을 받았지만, 레나르트는 자신의 연구결과를 도둑맞았다는 피해의식을 공공연히 드러냈다. 전자를 발견한 공로로 1906년에 노벨 물리학상을 수상한 톰슨도 레나르트의 비난을 피해가지는 못했다.

톰슨은 논문에서 레나르트의 실험장비를 사용했다고 밝혔지만, 레나르트는 자신의 최초 실험결과 자체로 이미 전자임을 확인할 수 있었다고 주장했다. 레나르트가 자신의 이름을 딴 창이 달린 음극선관을 1894년에 만들었지만

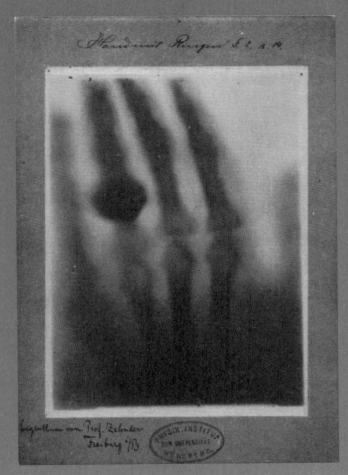

뢴트겐 아내의 손을 찍은 X-선 영상

뢴트겐이 자신의 발견에 X-선이라는 이름을 붙이면서
'X는 미지'라는 뜻은 널리 확장되었다.
실체가 과학적으로 규명된 지금도 X-선은 가장 유명한 미지의 상징이다.

달리 주장한 바 없는 상태에서, 뢴트겐이 X-선을 발견한 것이 1895년이며, 톰슨이 음극선의 본질을 전자로 밝혀낸 해가 1897년임을 고려하면, 레나르트의 주장은 억지다. 노벨상위원회는 레나르트의 수상이유를 설명하면서 다음 과 같이 말했다.

"주로 독일의 물리학자들이 지지했던 파동개념은 음극 선이 보통의 광선들처럼 에테르 속을 파동치며 진행한다 는 것이었습니다. 한편 주로 영국의 과학자들이 널리 받아 들였던 입자개념은 음극선이 음극에서 방출하는 음전하 를 띤 입자들로 이루어졌다는 것입니다."

그는 전자로 밝혀지는 음극선을 에테르 속에서 흐르는 파동이라고 잘못 생각했을 뿐이다.

헝가리 출신으로 독일국적을 취득한 레나르트는 반유 대주의에 빠져서 유대인들에 대항해야 한다면서 민족주 의를 내세운 과학을 주장하기도 했다. 결국 히틀러가 집권 하자 아리안 물리학 대표까지 지냈다. 그의 지휘 아래 만 든 위대한 과학자를 다룬 책에는 유대인인 아인슈타인, 유 대인이라는 의심을 샀던 퀴리 부인과 함께 유대인이 아닌 독일인이었지만 그의 미움을 받았던 뢴트겐 등이 제외되 었다. 나치가 패망하자 레나르트는 체포되었으나 고령인

점을 고려하여 시골마을에 유폐되었고, 2년 뒤인 1947년에 83세의 나이로 죽었다.

뢴트겐이 자신의 발견에 X-선이라는 이름을 붙이면서 'X는 미지'라는 뜻은 널리 확장되었다. 실체가 과학적으로 규명된 지금도 X-선은 가장 유명한 미지의 상징이다.

3   X-선을 이용한 새로운 미지 탐구

실체를 알지 못해서 X라는 이름을 얻은 X-선은 음극선이 전자의 흐름이라는 것이 밝혀지고 나서도 여전히 미지의 영역으로 남아 있었다. 뢴트겐이 노벨 물리학상을 수상한 1901년까지도 X-선의 실체를 알지 못해서 "이 기이한 에너지의 형태가 충분히 밝혀지고 여러 방면에서 깊게 연구된다면 물리학에 커다란 발전을 가져올 것이라는 점에는 의심의 여지가 없다"고 노벨상 수상 이유에 기록되어 있다. 물론 당시까지 확인된 X-선 촬영 영상의 의학적 활용과 효과만으로도 노벨상을 수상하기에는 충분하다는 주장과 함께.

X-선의 실체에 대한 가설은 여러 가지가 제안되었다. 우선, 고속으로 운동하던 전자가 물질과 충돌할 때 발생하는 에테르의 왜곡이거나 충격파라는 주장이 있었다. 그러나 X-선 발견보다 먼저 이루어진 마이켈슨(Albert Abraham Michelson, 1852~1931)과 몰리(Edward Williams Morley, 1838~1923)의 실험*을 통해 에테르는 없다는 사실이 밝혀지면서 이 주장은 근거를 잃었다.

전자로 밝혀진 음극선과는 다르지만 다른 종류의 입자가 흐르는 것이라는 주장도 있었다. 그러나 이 주장은 X-선을 전기장, 자기장으로 휘게 할 수 없어서 역시 받아들여지지 않았다. 전하를 띠지 않는 중성자라면 전기장이나 자기장의 영향을 받지 않는다. 그렇지만 당시는 중성자의 존재를 알지 못했고, 물론 X-선은 중성자도 아니었다. 결국 입자가 아니라는 결론에 도달했다.

에너지의 흐름이 입자가 아니라면 파동이어야 하므로,

---

* 서로 직각방향으로 배열된 두 개의 광 간섭계(interferometer)의 한 방향은 지구의 자전 및 공전에 따른 운동방향과 평행한 방향을 향하게 하고, 다른 방향은 운동방향과 직교하도록 한다. 이렇게 하면 지구의 운동과 평행한 방향의 광 간섭계를 왕복하는 파동과 지구의 운동과 직교하는 방향의 광 간섭계를 왕복하는 파동은 지구의 속도만큼 파동의 매질인 에테르에서 속도 차이를 나타내야 한다. 에테르는 정지해 있고 지구가 움직이기 때문이다. 그렇지만, 광 간섭계의 두 방향을 어느 쪽으로 돌려놓고 실험을 해도 두 방향 사이에서 아무런 차이를 측정할 수 없었다. 이 실험을 통해서 에테르가 존재하지 않는다는 것이 밝혀졌고, 광 간섭계를 설계한 마이켈슨은 1907년 노벨 물리학상을 수상했다.

파동의 실체를 조사하기 위해 파장의 크기를 구하는 작업이 시작되었다. 빠르게 운동하던 전자가 음극선관 벽에 부딪혀 멈추므로 전자의 에너지는 파동의 에너지로 전환되어야 한다. 전자의 운동에너지가 파동의 에너지로 전부 전환되었다고 보고 파동일 것이 예상되는 X-선의 파장을 계산했더니 나노미터(10^{-9}m) 길이라는 결과가 나왔다.

파동은 자신의 파장과 비슷한 길이의 간격으로 배열된 틈이나 격자를 통과하면 밝고 흐린 무늬를 번갈아 나타내며, 이를 간섭이라 한다. 파장이 나노미터인 파동의 간섭현상을 관찰하려면 간격이 나노미터로 배열된 격자를 구해야 한다. 다행히 고체 내에서 원자 또는 분자가 규칙적으로 배열된 결정은 이런 조건을 만족시켰다. 물체가 결정을 이루면 그 내부에는 원자나 분자가 1나노미터(백만분의 1mm)보다 좁은 간격으로 규칙적인 배열을 한다. 탄소 결정인 다이아몬드에는 탄소원자가 약 0.35나노미터 간격으로, 소금결정에는 염소와 나트륨(소듐) 원자가 번갈아가며 약 0.56나노미터 간격으로 배열되어 있다. 이러한 결정에 X-선을 통과시켜서 간섭현상을 얻었고, 그 결과 X-선의 실체가 파동임을 알게 되었다.

이렇게 미지의 값인 X-선의 파장값을 이용해 또 다른

미지의 세계인 결정의 격자간격을 탐구하는 학문이 X-선을 이용한 결정구조 연구였다. 눈금 없는 자로 길이를 재는 것과 같은 이 작업에서 결과를 내려면 자의 눈금을 먼저 구하거나 길이를 아는 대상을 먼저 구하는 과정이 있어야 한다. 물리학자들은 X-선의 실체를 파악한 뒤 그 파장을 조사했고, 정확한 파장을 구한 뒤 다시 이 값을 이용하여 결정구조를 분석했다. 미지 X는 그 실체가 밝혀지면서 그때까지 미지로 남아있던 다른 X의 실체를 밝혀내는 새로운 도구가 되었다.

의학에서는 뢴트겐 시절부터 X-선으로 영상검사를 해서 인체 내부를 관찰했다. X-선이 우리 몸을 통과할 때 몸속의 뼈나 장기가 만드는 그림자를 보여주는 투사영상이다. 투사영상을 통해서 뼈에 생긴 변형은 상세히 볼 수 있지만 장기의 변화를 보기는 쉽지 않다. 공기가 채워진 허파와 혈액이 가득찬 심장, 큰 덩어리로 이루어진 간 등 장기마다 서로 다른 특징을 가지므로, 병변이 가져오는 미세한 변화를 희미한 그림자만으로 구별하기는 어렵기 때문이다.

이런 한계를 극복하기 위해 인체의 한 부위를 둘러싸고 회전하면서 X-선 영상을 촘촘하게 촬영한 뒤 이 영상을 펼쳐서 회전한 부위의 평면영상을 얻는 기술이 개발되었다. 이렇게 발끝부터 머리끝까지 단계적으로 2차원 영상을 얻은 뒤, 이 영상을 쌓아 올려 컴퓨터로 합성하면 3차원 입체영상이 된다. 마치 인체를 단층별로 분해하여 보는 것처럼 볼 수 있다고 해서 컴퓨터 단층촬영(CT: Computed Tomography) 기술이라는 이름이 붙었다.

X-선 촬영의 위험은 강한 에너지를 가진 X-선이 인체를 통과하면서 세포내 유전자에 영향을 주어 암을 일으킬 수 있다는 점이다. 주의해야 할 일이지만 이 현상을 역설적으로 이용하기도 한다. X-선을 국부적으로 강하게 조사할 경우에는 그 부분의 세포가 아예 파괴되므로, 이런 특성을 활용하여 X-선으로 암을 치료하는 치료방사선 분야가 있다.

4   미지의 행성 X

천문학에서 X는 태양을 돌고 있는 미지의 행성으로 등
장한다. 그런데 미지의 행성 X를 제안하고 이를 찾기 위해
평생을 바친 천문학자는 한국과도 인연이 있다. 노월(魯越)
이라는 한국 이름까지 가진 천문학자 로웰(Percival Lawrence
Lowell, 1855~1916)은 1883년 말에서 다음해 초까지 한국의
여러 역사적 사건을 지켜본 사람이기도 하다. 로웰이 당
시 조선까지 오게 된 이유는, 조선이 미국에 보낸 외교 사
절단인 보빙사 일행의 미국행에 일본에서부터 동행해 여
러 가지 도움을 준 인연으로 고종의 초청을 받았기 때문이
다. 그는 조선 체류 경험을 바탕으로 '조선, 고요한 아침의

조선 보빙사 일행과
함께 한 로웰(왼쪽 두 번째)

나라'를 펴냈으며, 보빙사의 부사였던 홍영식이 1884년에
주도한 갑신정변에 대한 보고서인 '조선의 쿠데타'를 작성
하기도 했다.

　한국과 일본에 10여년을 머문 뒤 1893년 미국으로 돌아
간 로웰은 화성에 관한 책을 읽은 뒤, 천문학 연구에 남은
일생을 바치기로 결심하고 자신의 이름을 딴 로웰 천문대
를 세운다. 부유한 명문가 출신인데다 그 자신의 영향력도
컸기 때문에 가능한 일이었다. 로웰은 당시까지 발견된 태
양계의 바깥쪽 행성인 천왕성과 해왕성의 궤도 운동이 계
산 값과 다른 것을 확인했다. 그 이유가 해왕성의 바깥에
있는 미지의 행성이 끼치는 영향 때문이라고 설명한 로웰
은 그 미지의 행성을 행성 X라고 부르자고 제안했다.

로웰이 제안한 미지의 행성 X 탐사작업은 이미 선례가 있는 일이었다. '펜 끝으로 행성을 발견한 남자'라는 찬사를 들은 프랑스의 수학자 르베리에(Urbain Jean Joseph Le Verrier, 1811~1877)는 이미 1846년에 천왕성의 궤도가 예측과 어긋난 정도를 계산하여, 궤도 간섭을 일으키는 미지의 행성을 예측했다. 이 예측을 이용한 관측으로 발견한 행성이 천왕성 바깥에 위치한 해왕성이다. 해왕성은 르베리에가 예측한 위치에서 불과 1도 벗어난 지점에서 궤도 운동을 하고 있었다.

로웰은 두 번에 걸쳐 계산값을 바꾸어 가면서 탐색했지만 행성 X를 발견하지 못했다. 로웰이 죽은지 14년 뒤인 1930년에 로웰의 예측을 바탕으로 로웰 천문대에서 당시 대학생이던 클라이드 톰보(Clyde William Tombaugh, 1906~1997)가 행성 X를 발견했다. 로웰이 죽기 1년 전인 1915년에 명왕성의 사진을 로웰 천문대에서 촬영했지만, 너무 어두워 확인하지 못했다는 사실이 뒤늦게 밝혀지기도 했다. 어쨌든 발견된 행성 X는 질량이 달의 20%도 채 되지 않았지만 9번째 행성의 지위와 함께 명왕성이라는 이름도 얻었다.

명왕성(Pluto)이라는 이름은 로웰의 이름(Percival Lowell)

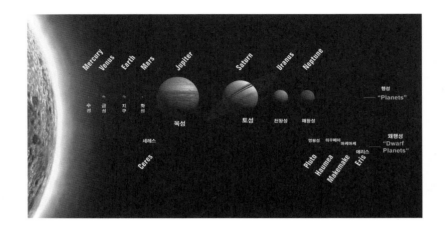

태양계 위성들의
상대적인 거리 배열

첫 글자에서 딴 것이라는 이야기도 있으나 그렇지는 않다.
행성 X가 발견되었을 때 이름을 정할 수 있는 권리를 가진
로웰 천문대로 전 세계에서 1,000건이 넘는 제안서가 왔
으며, 이 중에 영국 옥스퍼드에 살던 11살 소녀 베네티아
버니가 제안한 저승의 신 명왕성(Pluto)이 있었다. 행성이
름 선정은 로웰 천문대 대원들의 투표로 정해졌기 때문에
로웰의 이름 첫 글자 모음이 명왕성을 고르는데 영향을 끼
쳤을 가능성은 있다. 로웰의 이름과 성의 첫 글자인 P와 L
을 겹쳐놓은 모양은 명왕성의 천문기호(♇)로 남았다.

문제는 막상 명왕성을 찾고 보니 질량이 너무 작아서 해

왕성의 궤도 변경을 설명하기에는 적절하지 않다고 판단되었다는 점이다. 그래서 다시 행성 X 탐색이 시작되었다. 명왕성이 9번째 행성이다 보니, 새롭게 시작된 과제인 행성 X 탐색에서 X의 의미가 로마숫자 10으로 인식되기도 했다.

어찌되었든 관측기술의 발달로 명왕성 밖에서 미지의 행성 X의 후보군은 200개 넘게 발견되었다. 이렇게 많이 발견된 행성 X의 후보군은 카이퍼벨트라고 불리는 위치에 존재한다는 것도 밝혀졌다. 이 중에는 2005년에 발견된 에리스처럼 명왕성보다 무거운 것도 있었다. 카이퍼벨트의 위치는 해왕성 바깥으로, 태양과 지구 사이의 평균 거리인 천문단위(AU) 기준으로 대략 30AU과 50AU 사이에 있다.

명왕성도 카이퍼 벨트내에 있다는 사실이 확인되었으며, 얼음과 바위로 이루어진 천체여서 카이퍼 벨트내의 다른 천체와 달리 구별되는 특징이 없었다. 이러다 보니 10번째 행성이 될 또 다른 미지 행성 X 찾기는 오히려 명왕성의 행성지위에 대한 논란을 야기하게 되었다. 결국 2006년 8월에 열린 국제천문연맹 총회에서 행성의 지위를 새로 정했으며, 이때 명왕성은 행성의 지위를 잃고 왜 행성 134340*으로 분류되었다. 여기에다 천문학자들이 다시 계산한 결과, 해왕성의 궤도는 충분히 설명되어서 추가로 행성 X를 찾지 않아도 된다고 정리됐다.

다행히 명왕성을 발견한 클라이드 톰보는 1997년에 사망해 명왕성의 행성지위 상실을 지켜보지는 않았다. 게다가 명왕성이 행성지위를 상실하기 7개월 전인 2006년 1월에 미국 항공우주국(NASA)은 명왕성 탐사선인 뉴 허라이즌스(New Horizons)에 클라이드 톰보의 유해 일부를 실어 보내기도 했다. 명왕성의 근접 사진을 찍어 지구로 보낸 이 탐사선은 2015년 7월 14일에 명왕성에 12,472km까지 접근한 뒤 태양계 바깥을 향해 계속 진행 중이다. 예상대로라면 2029년에는 태양계를 벗어난다.

---

* 한국의 세계적 K-pop그룹인 방탄소년단(BTS)이 2018년 발매한 앨범 〈LOVE YOURSELF 轉 'Tear'〉에는 명왕성을 노래한 곡 '134340'이 포함되어 있다.

5 우리 은하의 거대 X구조

천문학에서는 X에 어떤 의미도 부여하지 않은 채 단순히 그 모양만을 놓고 논쟁이 벌어지고 있는 분야가 있다. 바로 우리 은하 중심부에 X자 모양의 거대 구조가 존재하는지 여부에 대한 문제이다. 우리 은하 중심의 절반 가까이 확장된 거대한 X자 모양을 따라 별들이 집중 분포되어 있다는 이야기이다.

우리 은하(Milky Way Galaxy)는 공 모양의 중심부를 나선팔이 회전하고 있는 나선은하로 알려져 있다. 중심부의 공 모양은 생성된지 비교적 오래된 별들이 모여 있는 팽대부(Bulge)이고 주변의 나선에는 젊은 별과 성간물질인 가스

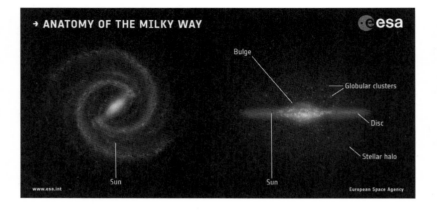

→ ANATOMY OF THE MILKY WAY

우리 은하와 태양

등으로 채워져 있다. 우리 은하의 지름은 약 10만 광년으로 태양은 우리 은하 중심으로부터 3만 광년 정도 거리인 나선팔의 중간 정도 위치에서 약 2억 2600만년 주기로 공전하고 있다. 태양뿐 아니라 우리 은하에 있는 약 4천억개의 별이, 중심에 위치한 궁수자리 A로 알려진 태양질량의 450만 배인 초거대질량 블랙홀을 중심으로 공전한다.

우리 은하는 과거에 다른 작은 은하를 흡수했다고 알려져 있다. 질량이 작은 다른 블랙홀이 궁수자리 A 블랙홀과 서로 마주하며 공전하고 있기 때문이다. 가장 최근의 작은 은하 흡수사건은 약 10억 년 전에 일어났다고 하며, 이처럼 은하가 다른 은하를 흡수하는 현상은 우주에 존재하는 은하의 수가 많기 때문에 가능한 일이다. 관측장비가 발달할수록 확인되는 은하의 수는 늘어나서, 1996년에 계산된 은하의 수가 약 1,200억 개였으나 20년이 지난 2016년에는 2조 개라고 발표되기도 했다. 2조 개는 지나치게 많은 추산이라는 주장도 있지만, 어쨌든 이 많은 은하 중 우리 은하와 가장 가까운 안드로메다은하는 우리에게 특별한 존재일 수밖에 없다.

물리학과 천문학이 밝혀낸 대폭발(Big Bang)이론에 따르면 우리 은하를 포함한 우주는 매우 높은 에너지를 가진 작은 물질과 공간이 약 137억 년 전의 거대한 폭발하면서 시작되었다. 우주의 팽창을 지구로부터 먼 천체일수록 이동속도가 빠르다는 허블(Edwin powell Hubble, 1889~1953)의 관측을 근거로 하고 있다. 한 점에서 시작해 균일하게 팽창해 나가던 우주의 여기저기에서 은하가 생겨난 현상은, 달리 말하면 균일한 우주에서 불균일한 우주로 되는 과정이기도 하다.

은하의 중심은 완전한 구형은 아니지만 부풀어 오른 모양이라고 해서 팽대부라고 불러왔으며, 팽대부 안에서 별들은 구형에 가까운 모양으로 배열되어 있다고 생각해 왔다. 그러나 관측기술이 발전하면서 팽대부의 상세 구조를

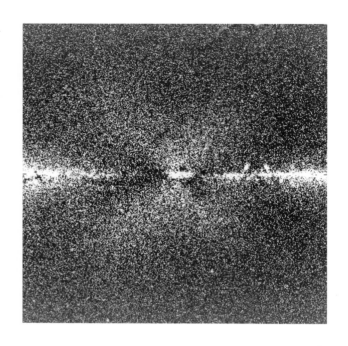

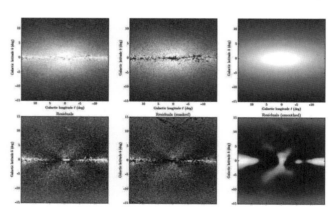

WISE 촬영
우리 은하 팽대부의
푸른 색 거대 X 구조

확인하게 되자 별이 양파처럼 차곡차곡 쌓인 형태가 아니라 마치 X자처럼 분포되어 있다는 주장이 제기되었다. 양파를 삶은 줄 알고 냄비뚜껑을 열어봤더니 엇갈린 아스파라거스 두 줄기가 발견된 형국이었다. 2010년을 전후해서 제기된 거대 X자 구조 이론은 이런 상황을 설명하기 위해 제안되었다.

천문관측기술의 발달로 이전에 보지 못하던 더 상세한 데이터를 분석했기 때문에 가능한 일이었다. 2016년 나사의 광역적외선탐사위성(Wide-field Infrared Survey Explorer, WISE)이 촬영한 적외선 영상을 분석한 별들의 분포사진을 보면 우리 은하 중심부에 선명한 X자 모양이 자리잡고 있다. 우리 은하뿐 아니라 나선은하에서 관찰 가능한 거대 X자 구조에는 은하 팽대부의 별 중 40~45%가 집중되어 있다.

독일의 네스(Ness), 캐나다의 랑(Lang)등 저명 학자들이 주장하는 우리 은하 팽대부의 거대 X구조 영상에 대해 반론을 펴는 한국의 천문학자도 있다. 10억 년 전 은하 흡수사건을 '사이언스'지에 발표했던 연세대 이영욱 교수는 별의 겉보기등급과 절대등급 차이를 혼동한 해석이라고 주장한다. 절대등급은 모든 별을 일정한 거리(약 32.6광년) 떨어진 위치에서 본 밝기등급이고, 겉보기등급은 별이 어디에 있든 지구에서 보이는 밝기를 기준으로 나눈 밝기등급이다. 실제 별의 위치는 X자 모양으로 따로 몰려 있지 않은데, 그 부분에 위치한 별들의 밝기가 상대적으로 밝아서 그런 모양으로 보일 뿐이라는 게 거대 X자 구조를 반박하는 논리다.

우리 은하를 비롯한 나선형 은하의 중심을 이루는 팽대부에서 별들이 X자 모양으로 뭉쳐 있는지 단순히 별의 밝기 차이로 그렇게 보일 뿐인지는 아직 정확히 알 수 없다. 우주의 많은 다른 부분처럼 이 역시 아직은 미지의 영역에 남아있다. 은하 속 거대 X 구조는 그 존재가 '미지'인 셈이다.

미지의 염색체 X

생물학에서 가장 유명한 X는 우리 몸을 이루는 세포의 핵에 있는 X염색체다. 염색체는 세포핵을 가지는 진핵생물의 세포가 분열을 할 때 관찰가능하며, 세포관찰을 위해 사용하는 염색액에 잘 염색되는 성질 때문에 이런 이름을 얻었다. 염색체는 유전정보를 담아서 세포분열을 통해 새로 생기는 세포에 전달하는데, 구체적으로는 염색체를 구성하는 물질 중 하나인 DNA가 그 역할을 한다. 진핵생물은 우리가 알고 있는 대부분의 동식물로 그 속의 염색체는 모양과 크기가 같은 두 개씩 쌍을 이루고, 그 쌍은 여러 개 존재해서 전체 숫자는 짝수가 된다.

염색체 수가 짝수인 이유는 부모로부터 각 쌍에 해당하는 염색체를 각각 하나씩 물려받았기 때문이다. 수박 22개, 감자 48개, 고양이 38개, 개 78개, 그리고 사람은 46개의 염색체를 가지고 있다. 사람보다 더 많은 염색체를 가진 동물은 개 말고도 소, 말, 닭 등 다양한 걸 보면 염색체 수와 지능은 관계가 없다. 염색체 쌍 중에는 다른 쌍과 달리 두 염색체의 크기와 모양이 서로 다른 한 쌍이 있으니, 성염색체인 X염색체와 Y염색체이다. 성염색체는 이외에도 특이한 점이 많아 숫자로 표시하는 다른 염색체와 구별되도록 X, Y로 따로 표시한다.

사람도 염색체 46개 중 44개는 같은 모양과 크기의 쌍을 이루기 때문에 1번부터 22번까지 번호를 붙여 표시한다. 남은 2개의 성염색체는 여성이 X염색체 2개를 가지고, 남성은 X염색체와 이보다 크기가 작은 Y염색체를 하나씩 가진다. 여성은 성염색체도 쌍을 이루므로 23쌍의 염색체를 가지고, 남성만 크기와 모양이 다른 염색체 쌍을 하나 가지는 셈이다. 이 차이가 여성과 남성의 성을 결정한다.

X염색체는 1891년 독일의 헤르만 헨킹(Hermann Henking, 1858~1942)이 노린재 곤충의 정소에서 처음 발견했다. 다른 염색체와 차이가 나는 이 물질에 대해서 확신할 수 없

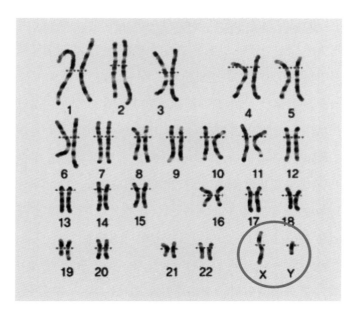

남성의 염색체

었던 헨킹은 처음에 미지의 물질이란 뜻으로 'X 물질'(X element)이라고 표시했다. 알지 못하는 영역임을 인정하고 X로 나타낸 것이다. 그 뒤 클래런스 맥클렁(Clarence Erwin McClung, 1870~1946)은 메뚜기의 정자를 연구해 헨킹의 X물 질이 염색체임을 확인하고 이를 특별한(eXtra) 염색체라고 발표했다. 그러면서 이 특별한 염색체가 남성을 결정한다 고 주장하면서, 성염색체설을 최초로 주장했지만 그 역할 은 거꾸로 파악하였다.

1905년에는 스티븐스(Nettie Maria Stevens, 1861~1912)가 딱
정벌레 생식선에서 발견한 크기가 다른 한 쌍의 염색체를
설명하면서, 작은(small) 염색체 's'와 큰(large) 염색체 'L'중
작은 염색체가 남성의 성을 결정한다고 발표했다. 여성인
스트븐스의 연구는 무시되다가 1909년이 되어서야 윌슨
(Edmund Beecher Wilson, 1856~1939)에 의해 인정되었다. 윌슨
은 헨킹의 명명법을 따라 큰 염색체에 X, 작은 염색체에 Y
란 이름을 붙였다. 미지의 물질 X를 발견한 뒤, 성염색체
임을 밝히기까지는 20여년의 시간이 필요했다.

Y염색체보다 훨씬 큰 X염색체는 유전자도 훨씬 더 많이
가지고 있다. Y염색체에 단백질을 만드는 발현 유전자는
50개에서 60개 사이가 있으며, X 염색체에는 800개에서
900개 사이가 있다고 본다. 문제는 X, Y 염색체를 각각 하
나씩 가진 남성에 비해 X염색체를 2개 지닌 여성은 유전자
수가 남성보다 훨씬 많기 때문에, 모든 유전자가 발현된다
면 여성은 남성보다 훨씬 많은 단백질을 생성하게 된다.

그런데 몸을 구성하고 세포내 화학반응의 촉매 역할을
하며, 항체 등을 구성하는 단백질의 종류는 일부 호르몬
을 제외하고는 남녀간에 차이가 없다. 여성 세포에 있는
두 개의 X염색체 중 하나가 무작위로 비활성화되기 때문

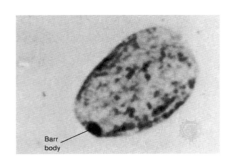

여성의 구강점막 세포에서
관찰된 바 소체

이다. 여성 세포가 두 개의 X염색체 중 하나를 비활성화하는 현상은 머레이 바(Murray Llewellyn Barr, 1908~1995)가 발견해서, 비활성 X염색체를 바 소체(Barr body)라고 부른다. 여성의 몸은 2개의 X염색체 중 하나가 무작위로 비활성화된 각각의 세포가 모자이크를 이루고 있다. 어느 세포에서는 아버지로부터 X염색체가 비활성화되고, 그 옆의 세포는 어머니로부터 온 X염색체가 비활성화될 수 있다는 말이다. 어느 경우이건 비활성화된 X염색체는 세포 내에서 단백질을 합성할 수 없다.

바 소체는 여성에게만 나타나는 특징이기 때문에 올림픽 경기에서 성별검사도구로 활용되기도 했다. 그러나 IOC가 '검사 결과를 100% 신뢰할 수 없으며, 여성 비하의 위험이 있다'며 1991년에 성별검사제도 자체를 폐지했다.

3장 과학의 X

지놈(Genome)

염색체를 이루는 물질은 유전물질인 DNA와 구조물질인 단백질로, DNA는 염색체 덩어리를 이루는 실모양의 염색사에 분포되어 있다. 따라서 사람의 염색체 46개에 있는 염색사를 모두 풀어서 그 안에 있는 DNA 정보를 조사하면 사람의 유전정보를 알아낼 수 있다. DNA의 특징은 A, G, C, T 4개의 서로 다른 염기가 쌍을 이루어 나타내므로, DNA를 여러 개 배열해 놓으면 그 특징인 염기쌍의 배열로 설명할 수 있고 이를 염기서열이라 한다. 이 염기서열이 유전정보를 전달하는 유전자를 만든다. 컴퓨터에 지시를 하는 명령문을 0과 1의 조합으로 만드는 것과 같다. 유전자는 '하나의 기능을 수행하도록 지시하는 단위인 DNA 사슬'이다.

유전자가 지시하는 기능은 단백질 합성이며, 지시대상인 단백질 종류에 따라 DNA 사슬을 이루는 염기쌍의 수는 천차만별이다. 즉, DNA 염기서열 속 염기쌍 수는 천 개 미만일 때도 있고 십만 개를 넘기기도 한다. 이처럼 길이가 제각각 다른 염기서열이 가지는 유전자의 유전정보로 세포내에서 서로 다른 단백질을 형성하는 과정을 유전자 발현이라고 한다.

지놈(genome)은 유전자(gene)와 염색체(chromosome)의 합성어로, 어떤 생물의 유전자 정보를 알기 위해, 염색체 전체에 배열된 DNA 염기서열 전부를 열거한 것이다. 인간 지놈프로젝트는 인간의 염색체 46개에 들어있는 DNA 염기서열 전부인 32억개를 해독해서, 그 안에서 단백질 합성정보를 가진 유전자 약 2만여 개를 밝혀냈다. 염색체 전체의 DNA 염기서열 정보인 지놈을 우리말로는 유전체라고도 부른다.

라틴어 씨엔티아(scientia)는 지식이란 뜻이고 그 어근은 '안다'는 뜻인 scio-이다. 영어 단어 사이언스(science)가 여기서 유래되었으니 결국 과학은 '앎'에 대한 학문이다. 달리 말하면 앎의 경계 너머에 있는 영역인 '미지'를 탐구해 가는 공부라고 할 수도 있겠다. X-선이나 X염색체는 처음 그 존재가 눈앞에 드러났을 때 미지 그 자체였다. 그러나 과학이 이렇게 미지의 세계로만 영토를 확장해 가지는 않았다.

분석화학은 어떤 물질이 무엇으로 이루어져 있는지를 밝히고, 그러한 구성이 가능한 물질의 화학적 구조와 형태를 조사해 물질의 특성을 분석한다. 물질을 구성하는 조성물은 끝까지 분석해보면 결국 이미 알고 있는 원자 또는 분자다. 화학적 구조와 형태도 현재까지 밝혀진 것 중 어느 것인가를 찾는 일이 대부분이며, 이렇게 찾아내면 특성도 밝혀진다. 심지어 주된 조성물 말고도 여기에 포함된 극미량의 불순물을 찾아내기도 한다. 모르는 것을 찾는 것뿐 아니라, 어떤 대상을 알고 있는 내용으로 설명하는 일도 과학의 중요한 분야이다.

분석화학 분야 중에서도 특히 질량분석을 통해 검출된 물질은, 실험하는 사람이 바로 알지는 못하지만, 화학물질 데이터베이스 등 화학문헌에 올라와 있는 경우가 대부분이다. 이처럼 당장은 모르지만 방대한 자료더미 속에서 찾아낼 수 있는 물질을 '알려진 미지(known unknown)'라고도 한다. 분석화학자 리틀(James L. Little)이 2011년에 제안한 이래 일부 학자들이 사용하고 있는 용어이다. 여기서도 '미지'라는 용어가 사용되지만 알려진 '미지'이므로, X가 표시되지는 않는다.

실제로 현재까지 밝혀진 물질 정보는 방대하다. 미국화학회(American Chemical Society)가 제공하는 CAS(Chemical Abstracts Service) 등록번호는 모든 화학물질에 고유한 식별

번호를 숫자로 부여한다. 2018년 9월 현재 1억 4천 4백만 개의 화학물질과, 6천 7백만 개의 단백질 및 DNA 서열에 번호가 부여되어 있으며, 지금도 매일 평균 1만 5천 건씩 신물질 정보가 추가되고 있다.

이를 위해 분석화학자 리틀이 제안하는 방법은 물질을 쪼개어 그 속의 원자나 작은 분자의 질량을 정확히 측정한 다음, 이들 원자와 분자의 질량을 더하여 만들 수 있는 물질의 후보 목록을 만들자는 것이다. 이 목록에서 가능성이 높은 순서대로 후보 분자를 선택하여 추가 분석을 반복하면 데이터베이스 속에 존재하는 화학물질과 일치하는 물질을 찾을 수 있다.

리틀은 미국 질량분석기학회에 제출한 자신의 논문에서 데이터베이스 속의 '알려진 미지'를 언급하면서, 도널드 럼스펠드의 2002년 2월 언론 브리핑을 인용했다. 럼스

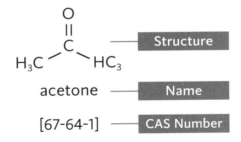

아세톤의 구조와
CAS 등록번호

3장 과학의 X

펠드가 말한 미지 중 '알려진 미지'(known unknowns)를 찾는 작업과 자신이 제안한 물질 조사 방법이 유사하다는 주장을 하면서.

2015년, 세계보건기구(WHO: World Health Organization)에 '감염병 예방 행동을 위한 연구개발 청사진'을 작성해 달라는 회원단체의 요청이 접수되었다. 바이러스로 인한 감염병 발생에서부터 백신과 치료법 승인까지 걸리는 시간지연을 최소화하고, 공공보건이 응급상황으로 가는 상황을 막기 위해서였다. 다행히 WHO는 이 요청을 받아들여 전문가 그룹을 조직하여 우선순위로 대응해야 할 질병후보 목록을 작성하였다.

2016년에 발표된 우선순위 대응 질병에는 대규모로 인류의 건강을 위협하면서도 백신이나 치료제가 없는 감염병이 열거되었다. 이 목록에는 사스와 메르스*, 니파 (Nipah) 바이러스 감염증, 에볼라(Ebola) 바이러스 감염증 이 포함되었다. 이들 질병에는 백신이나 치료제는 물론이 고 연구단계의 신약물질인 파이프라인조차 개발되지 않 았다.

2017년에 열린 다보스포럼에서는 정부기구와 민간단체 가 함께 참여하는 전염병대비 혁신연합**을 출범시켜 감염 병 백신개발을 지원하기 시작했다. 빌 게이츠(William Henry "Bill" Gates III, 1955~)도 재정지원을 한 전염병대비 혁신연 합은 국제백신연구소***와 신종전염병 백신개발 촉진을 위 한 협약을 체결하기도 했다. 국제백신연구소는 한국이 국 내에 유치한 첫 번째 국제기구이기도 하다.

2018년 세계보건기구는 우선순위 질병의 목록에 '질병 X'를 추가했다. 우리가 알지 못하는 잠재적 위험인 수많은 바이러스를 염두에 둔 명칭이었다. 질병을 일으키는 바이 러스는 알지 못하지만 그에 대응하기 위한 장기 전략은 세 워두었다. 다양한 바이러스의 유전물질(DNA, RNA)을 넣을

---

* 사스(SARS): 중증급성호흡기증후군(Severe Acute Respiratory Syndrome), 메르스 (MERS): 중동호흡기증후군(Middle East Respiratory Syndrome)
** 전염병대비혁신연합(CEPI): Coalition for Epidemic Preparedness Innovations
*** 국제백신연구소(IVI): International Vaccine Institute

수 있는 백신 플랫폼을 개발하자는 것이다. 이 전략에서는 어떤 감염병이라도 바이러스만 특정하면 유전자 분석은 신속하게 마칠 수 있지만, 백신개발에 소요되는 시간을 줄이는 것이 성공의 관건이다.

2019년에 출현한 새로운 코로나19****에 대해서 세계보건기구는 제대로 대응하지 못했다. 사스와 메르스 등 이전까지 인류를 위협했던 코로나 바이러스의 유전물질을 넣을 수 있는 백신 플랫폼을 개발하지 못한 것이 원인이다. 우리가 코로나 바이러스에 대해 아는 것이 너무 적어서 그렇다.

2020년 세계보건기구가 코로나19의 대유행(Pandemic)을 선언하자 의학계 일부는 예측했던 X의 모습에 근접한 최초의 질병이 나타났다고 보기도 했다. '질병 X'는 발병 초기에 다른 질병과 혼동되어 조용히 빠르게 퍼지고, 세계화된 인류의 네트워크를 통해 종래의 독감만큼 쉽게 전 세계로 확산되며, 사망률은 독감보다 높다고 예상되었기 때문이다.

세계보건기구는 2020년 봄, 우선순위 대응 질병 목록에 코로나19를 추가했다. 동시에 그 목록에서 '질병 X'도 제

**** 코로나19(Covid-19): 코로나 바이러스 감염증-19(Coronavirus Disease-19)

외하지 않았다. 2018년에 예상했던 '질병 X'의 모습이 설사 코로나19에 가깝다고 하더라도 또 다른 미지의 질병은 언제든지 나타날 수 있어서이다.

1

암스테르담의 XXX

네덜란드 암스텔(Amstel) 강 하구에 있는 암스테르담 (Amsterdam)은 아름다운 도시다. 암스텔 강으로 연결되는 부채 모양의 운하가 거미줄처럼 촘촘하게 구도심 곳곳을 이어준다. 운하를 따라 펼쳐지는 도시의 모습을 보기 위해 관광객들은 하루 종일 운하 위를 떠다니는 유람선에 몸을 싣는다. 암스테르담에 온 기분을 내기 위해서인지 유람선을 타는 관광객들은 여러 종류의 맥주 중 암스텔 맥주를 고르곤 한다.

북위 52도에 위치하는 암스테르담은 관광객이 몰리는 여름철이면 밤 10시는 되어야 어두워진다. 이 시간까지

암스테르담

운행하는 유람선에서 내리거나, 맥주바에서 다양한 맥주
를 즐기고 나온 관광객들로 발 디딜 틈 없이 붐비는 장소
는 홍등가다. 2019년 트립 어드바이저 자료에 따르면 암
스테르담에서 12번째로 많은 관광객들의 발길을 끄는 곳
이다. 좁은 운하 주변 양쪽으로 펼쳐진 홍등가는 몇 백 미
터 넘게 이어지고, 실제 영업이 이루어지는 건물 사이에는
매매춘 박물관과 식당, 맥주바가 자리잡고 있다.

　홍등가는 여느 관광지처럼 관광안내원을 따라 다니는
단체여행객도 많고, 어린 아이를 데려온 부모가 있는가 하
면, 부부나 연인들이 함께 손잡고 구경도 한다. 2020년부
터는 가이드 투어를 금지한다고 하지만, 혼자 다녀도 전

혀 위험하거나 어색하지 않아서 관광객이 많이 줄어들 것으로 보이지 않는다. 이 홍등가를 둘러보다가 우연히 작은 깃발을 만난 기억이 있다. 그 깃발에 쓰인 글씨는 민망하게도 XXX였다. 영상물의 청소년 관람 금지를 뜻하는 X등급에서 유래된, 하드코어 포르노그래피 표시라고 생각했다. '이렇게 홍등가 지역임을 나타내는구나' 싶었다.

그런데 다음 날 낮에 시내 곳곳의 맨홀 뚜껑, 심지어 성당 문에서도 XXX를 만날 수 있었다. 뭔가 이상했다. 그런 의미의 X가 아니었다. 알고보니 그 X는 안드레아의 십자가(Saltire) 표시였다. 12사도 중 한 명으로 베드로의 동생인 안드레아는 그리스지역에서 포교하다가 순교할 때 *X*자 형태의 십자가를 선택했는데, 이 십자가가 그리스어로 크리스트(*ΧΡ Ι ΣΤΟΣ*)의 첫 글자 모양이었기 때문이었다. 성당에서 볼 수 있는 ☧표시는 그리스어로 크리스트의 앞 두 글자인 키(chi)와 로(rho)를 함께 쓴 것이다. 크리스마스를 X-MAS라고 표기하는 것도 이 때문이다.

그 뒤로 X(chi)는 안드레아를 상징하는 십자가 표시가 되었다. 형인 베드로는 초대 교황으로 동생인 안드레아는 초대 콘스탄티노플 총대주교로 모셔지는데, 카톨릭과 동방정교회가 분리된 뒤로 교황이 카톨릭만 대표하게 되자 동방 정교회에서도 콘스탄티노플 총대주교를 세계총대주교라고 부른다. 결과적으로, 형제가 나란히 동서교회의 초대 최고위직에 오르게 되었다.

안드레아는 원래 어부였기 때문에 어부의 수호성인이기도 하다. 암스테르담이 시를 상징하는 깃발을 사용하기 시작한 때는 1505년이다. 당시 어촌이었던 암스테르담은 등록한 배에 어부의 수호성인을 상징하는 이 깃발을 달도록 했다. 안드레아의 십자가를 둘러싼 검은 색은 암스텔 강을 상징하고, 위아래 붉은 색은 13세기에 암스테르담을 지배하던 페르세인(Persijn) 가문의 문장에서 가져왔다. 페르세인 가문은 붉은 색의 안드레아 십자가를 문장으로 사용했다. 당시 암스테르담을 포함한 네덜란드 지역이 부르고뉴 공국의 통치하에 있었고, 부르고뉴 기에도 안드레아의 십자가가 있었던 영향도 있었을 것이다.

암스테르담의 공식 문장에는 수직으로 배열된 3개의 십자가가 두 마리의 황금사자 및 황제의 관과 함께 새겨져 있다. 두 마리의 황금사자는 네덜란드 국장에도 있으며, 두 사자의 발밑에 쓰인 글씨는 네덜란드어로 각각 용기(heldhaftig), 결단(vastberaden), 자비(barmhartig)를 뜻한다. 시에서는 세 개의 십자가가 내세우는 가치라고 하지만, 사람들

암스테르담시 깃발

암스테르담시 문장

암스테르담을 걷다 보면 곳곳에서 XXX를 발견할 수 있다.
이 표시는 홍등가를 나타내는 것도 아니고, 청소년 금지구역이라는 경고도 아니다.
어부의 수호성인인 안드레아를 기리는 암스테르담의 상징일 뿐이므로
안심하고 지나가거나 들어가도 된다.

은 도시에 대한 3가지 위협인 물, 불, 역병의 상징이라거나 혹은 세 번의 입맞춤이라고 말하기를 좋아한다.

네덜란드는 세계 최초로 주식회사와 보험사를 만들었고, 대마초와 낙태 그리고 매매춘 합법화에다 동성결혼과 말기환자 안락사까지 세계최초로 허용한 나라다. 이러한 네덜란드의 자유로운 분위기를 이끌어가는 수도 암스테르담에는 177개 이상의 국적을 가진 85만명이 함께 살고 있다.

세상에서 가장 자유롭다는 도시 암스테르담을 걷다 보면 깃발이나 건물 입구, 맨홀 뚜껑 뿐 아니라 자동차 진입을 막기 위해 세워진 기둥까지 곳곳에서 XXX를 발견할 수 있다. 이 표시는 홍등가를 나타내는 것도 아니고, 청소년 금지구역이라는 경고도 아니다. 어부의 수호성인인 안드레아를 기리는 암스테르담의 상징일 뿐이므로 안심하고 지나가거나 들어가도 된다.

2 러시아의 X

안드레아는 러시아의 수호성인이기도 하다. 기독교 초기 사도들의 활동시기부터 4세기 교회와 교인들의 역사를 담은 책인 유세비우스(Eusebius of Caesarea, 263-339)의 '교회사'(Ecclesiastical History)에 따르면 안드레아는 스키타이족이 살던 스키티아(Scythia)에서 전도했다고 기록되어 있다. 당시 스키티아의 강역은 흑해의 북쪽인 현재의 우크라이나부터 카스피해와 아랄해까지 중앙아시아 지역에 이르렀다.

여기에 더해 러시아의 모태라고 불리는 키예프공국의 역사를 다룬 '네스토르 연대기'(Chronicle of Nestor)도 기록을

보탠다. 안드레아가 흑해를 건너 우크라이나를 흐르는 드
네프르 강을 거슬러 올라가 키예프와 노브고로드까지 갔
다는 것이다. 안드레아는 동방 정교회의 초대 콘스탄티노
플 세계총대주교로 추앙되기도 하므로, 동방 정교회를 믿
는 러시아의 수호성인이 되지 않을 이유는 없어 보인다.

이런 여러 가지 상징성 때문인지 러시아의 개혁군주였
던 표트르 대제(표트르 1세 알렉세예비치, 1672~1725)는 1696년
해군을 창설하면서, 러시아의 수호성인이자 어부의 수호
성인인 안드레아를 해군의 수호성인으로 삼았다. 해군기
도 직접 안드레아의 십자가로 정했다. 심지어 러시아 해군
의 표어(motto)까지 '신과 안드레아 깃발이 우리와 함께!'
다. 표트르 대제는 서유럽화를 목표로 1703년부터 건설하
기 시작한 상트 페테르부르크에 해군성을 두고 강력한 해
군을 육성했으며, 1712년에는 모스크바에 있던 수도까지
상트 페트르부르크로 옮겼다.

새 도시 이름 상트 페테르부르크는 표트르 대제 자신
의 이름과 마찬가지로 베드로의 러시아식 이름이고, 이곳
에 본부를 둔 해군의 깃발은 베드로의 동생인 안드레아의
십자가로 정했으니 형제가 한 도시에서 만난 셈이다. 이
렇게 힘을 키운 해군으로 러시아는 스웨덴과의 전쟁에서

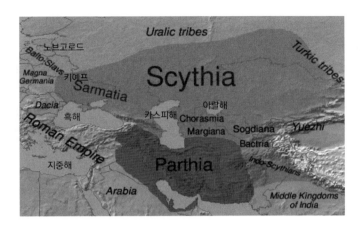

스키티아 지역과 키예프,
노브고로드가 표시된 지도

승리한 뒤에, 안드레아가 전도여행을 갔다는 노브고로드
를 포함한 러시아 서북부 지역을 회복하는 대북방전쟁에
서도 1721년에 최종 승리를 한다. 전쟁에서 승리한 직후,
표트르 대제는 나라 이름도 러시아 차르국에서 러시아 제
국으로 바꾼다. 러시아가 유럽의 새로운 열강으로 등장한
것이다.

러시아 제국의 성립에 큰 기여를 했던 러시아 해군은 러
시아 제국의 몰락에도 큰 역할을 한다. 1905년 1월 상트
페테르부르크의 황궁인 겨울궁전 앞으로 몰려가 자신들
의 어려운 처지를 황제에게 호소하려던 노동자에게 제국

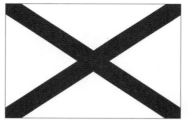

러시아 해군기(왼쪽)
소련 해군기(오른쪽)

군대가 발포해 수천명이 죽고 다치는 피의 일요일 사건이
일어난다. 그 후 노동자들은 총파업으로 차르의 군대와 맞
섰고, 흑해 연안의 도시 오데사에서도 전투가 이어졌다.

이때 흑해 상에서 선상반란을 일으킨 전함 포템킨호의
수병들은 포템킨호에서 러시아 해군기인 안드레아의 십
자가 X를 떼어내고 붉은 깃발을 달고 오데사로 입항해 정
부군과 전투를 벌인다. 에이젠슈타인(세르게이 미하일로비치
에이젠슈타인, 1898~1948)의 영화 '전함 포템킨'으로 유명한
이 사건은 포템킨호가 루마니아로 도망가는 것으로 마무
리된다.

소비에트 혁명으로 상트 페트르부르크는 레닌그라드가
되었고, 러시아 해군기도 낫과 망치가 별과 함께 있는 그
림으로 바뀌었다. 그러다가 1991년 말에 소련이 해체되자

전함 포템킨

러시아 정부는 도시 이름 상트 페트르부르크와 함께 해군
기를 흰색 바탕에 파란색 X자가 쓰인 안드레아 십자가로
되돌렸다. 이번에도 베드로와 안드레아 형제는 함께 돌아
왔다.

스코틀랜드의 X

스코틀랜드는 독립국 시절부터, 그리고 잉글랜드와 연합왕국을 이룬 뒤 자치국 지위를 얻고 나서도 계속해서 안드레아의 십자가 X를 국기 도안으로 사용하고 있다. 러시아에는 전도여행에 관한 기록이라도 전해진다지만 스코틀랜드는 사도 안드레아와 무슨 인연을 맺은 걸까?

전 세계에 있는 부처님의 진신사리를 한 데 모으면 트럭 한 대분이 넘을 거라는 이야기가 있다. 안드레아의 유해도 순교한 장소인 그리스 파트라이의 안드레아 대사원에 있었다. 그러다가 여러 가지 이유로 유해의 일부가 이탈리아의 아말피 성당과 사르자나 성당, 스코틀랜드 에딘버러의 마리아 성당, 그리고 폴란드 바르샤바에 있는 안드레아와 성 알버트 교회 등에 나뉘어 있다. 이밖에도 안드레아의 유골이나 유품을 간직하고 있다는 작은 유물함은 세계 곳곳에 흩어져 있다.

이 중 스코틀랜드와 관련된 전설은 이렇다. 그리스 파트라이의 수도자인 성 레굴루스가 천사의 계시를 받고 유골 일부를 배에 싣고 지구의 끝으로 항해하다 스코틀랜드의 동쪽 파이프(Fife)주 해안에 도착했다. 성 레굴루스는 그곳에서 30여년간 포교했다고 전해지는데, 영어로 안드레아를 뜻하는 세인트 앤드루스(St. Andrews)는 바로 그 도착 장소에 세워진 도시 이름이기도 하다.

스페인의 도시 산티아고 데 콤포스텔라 대성당에는 예루살렘에서 발견된 야고보 성인의 유골이 있다고 한다. 그래서 이곳이 카톨릭 순례객의 방문 장소가 되었듯이, 세인트 앤드루스에도 안드레아 수도원이 세워졌고 스코틀랜드 각지에서 순례자가 찾아오는 복음선교의 중심지가 되었다. 그러나 16세기 중반 영국의 종교개혁 과정에서 파괴돼 지금은 유적만 남아 있다. 관광객이 많이 찾는 도시인 스코틀랜드의 세인트 앤드루스는 골프의 발상지로도 유명하다.

안드레아 수도원의 유적

스코틀랜드의 안드레아 성인 유골과 관련된 보다 신빙성 있는 주장은 기독교를 전도하기 위해 성 레굴루스 등이 6세기 후반에 유골을 스코틀랜드로 보냈고, 8세기 초반에 파이프(Fife)주에 자리잡게 됐다는 이야기다. 어느 주장을 따르든 안드레아의 유골 일부가 스코틀랜드에 있던 9세기 초에 스코틀랜드는 잉글랜드와 전쟁을 하게 된다. 당시 스코틀랜드 왕 윙거스 2세(Óengus II mac Fergusa, 재위 820~834)는 잉글랜드에 비해 병력이 엄청나게 열세인 상황에서도 전쟁을 시작하며 안드레아에게 기도했다고 한다. 승리를 우리에게 주시면 수호성인으로 모시겠노라고.

이런 이야기는 해피엔딩으로 끝나기 마련이다. 다음날 전투에 나선 스코틀랜드 군은 푸른 하늘에 X자 형태로 나타난 흰 구름을 보았고, 승리할 수 있다는 자신감으로 용기백배하여 달려드는 스코틀랜드 군을 잉글랜드 군은 감당할 수 없었다. 스코틀랜드 국기의 바탕이 파란색이고 십자가가 흰색인 것은, 푸른 하늘에 흰 구름으로 나타난 X자 십자가를 곧바로 연상시킨다. 안드레아 십자가는 1707년 잉글랜드와 함께 브리튼섬 연합왕국을 이룰 때 양 국기도 합쳐져서 그레이트브리튼 왕국(GB: Great Britain)의 국기 중 한 부분이 된다.

스코틀랜드 국기

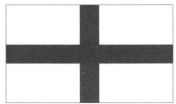

잉글랜드 국기

그레이트 브리튼 왕국기

아일랜드 왕국기의 패트릭 십자가

현재의 영국기

노바스코샤 주기

1801년에는 그레이트브리튼 왕국이 아일랜드 왕국까지 흡수하면서 그레이트브리튼과 아일랜드 연합왕국(UK: the United Kingdom)으로 되면서 현재의 영국기인 유니언 잭이 완성되었다. 아일랜드 왕국기의 붉은 X자는 기독교를 전도한 아일랜드의 수호성인 패트릭(Sanctus Patricius, 387~461)의 십자가이다. 그러나 이 십자가는 식민지 시절 영국이 만든 아일랜드 훈장에 있던 것으로 북아일랜드 일부에서만 쓰일 뿐, 아일랜드에서는 물론 북아일랜드 민족주의자들도 거부하는 상징이다.

아일랜드 섬보다 미국과 캐나다, 호주 등 영어권 국가에 훨씬 많은 수가 살고 있는 아일랜드계 주민들에게 패트릭은 가장 흔한 이름이기도 하다. 이들은 패트릭이 사망한 날이자 축일인 3월 17일에 퍼레이드를 열며 축제를 즐긴다. 이런 아일랜드인들이 식민지배국이었던 영국이 만들어준 패트릭 십자가를 거부하는 것은 당연해 보인다.

다른 나라와 합치면서도 안드레아의 십자가를 포기하지 않았던 스코틀랜드인은 해외에 모여 살아도 그들의 상징인 안드레아의 십자가 X를 지켜 나간다. 캐나다 동쪽 끝에 있는 반도로 소설 '빨간머리 앤'의 고향인 노바스코샤주에는 스코틀랜드인이 많이 산다. 당연히 스코틀랜드 문화가 강하게 남아 있으며, 무엇보다 주 이름인 노바스코샤(Nova Scotia)도 새로운 스코틀랜드(New Scotland)를 라틴어로 표기한 것이다.

스코틀랜드가 영국에서 독립을 시도했던 배경에는 북해의 브렌트 유전에서 생산되는 석유도 한 몫을 했다는데, 우연인지 노바스코샤 주에서도 석유와 천연가스가 나온다. 노바스코샤 주 깃발의 색깔은 스코틀랜드 기와 반대로 배열되어 흰색 바탕에 파란색 X자가 그려져 있다.

4 　　　　　부르고뉴와 스페인의 X

　　18세기말 프랑스 혁명으로 유럽에 공화국 정부가 탄생
하자, 놀란 유럽의 왕국들은 프랑스를 상대로 전쟁을 시작
한다. 1792년에 시작된 프랑스 혁명전쟁(French Revolutionary
Wars)으로 기록된 이 싸움에서 프랑스는 홀로 대프랑스동
맹을 맺은 유럽의 열강인 오스트리아, 영국, 독일(프로이센),
러시아에다 오스만 제국까지 상대한다. 프랑스는 대프랑
스동맹을 맺은 제국의 본토와 이들 제국의 식민지인 중동
과 북아프리카에서 벌인 여러 전투에서 승승장구했고, 그
결과 혁명전쟁은 10년만인 1802년에 프랑스의 승리로 끝
난다.

프랑스 공화국에 반대하는 프랑스 내부 왕당파까지 적이 된 상황에서 프랑스가 거둔 승리의 비결은 유럽 최초로 실시한 징병제였다. 그 이전까지 유럽의 군주제 국가에서 군대의 주력은 용병이었다. 프랑스 혁명전쟁보다 훨씬 이전에 유럽 각국이 휘말렸던 종교전쟁인 30년 전쟁에서도 주요 전투는 용병이 맡아서 했다. 1618년부터 1648년까지 현재의 독일지역인 신성로마제국 전역을 초토화시켰던 30년 전쟁에서 참전국들은 종교를 내걸었으나 전투를 수행한 용병의 목표는 돈이었고, 따라서 이들 용병의 약탈행위는 일상적이었다.

　용병 중에는 좋은 인상을 남긴 경우도 있다. 스위스 용병은 용감한데다 신의를 소중하게 여기는 전통으로 유명해서 현재도 교황청의 근위대로 남아 있다. 스위스처럼 척박한 산악지대가 많은 스코틀랜드에서도 농사지을 땅을 구하지 못한 사람들이 용병으로 많이 진출해서 용맹하다는 평판을 받았다. 스코틀랜드 용병은 용맹과 저돌성을 자랑하며 붉은발도요새라는 별명으로 불리기도 했다. 이 별명은 아일랜드에서 가까운 스코틀랜드 서북부의 고지대와 서쪽 섬 출신 용병들이 맨발로 추운 강을 건넌 뒤 생겼다고 한다.

30년 전쟁에서 싸우는
스코틀랜드 고지대출신
용병

붉은발 도요새

스코틀랜드 용병은 30년 전쟁시기보다 200여 년 앞섰던
1400년대 초에 부르고뉴 공국에서도 용맹을 떨쳤다. 현재
의 프랑스 부르고뉴 지방과 네덜란드, 벨기에 그리고 룩셈
부르크에 이르는 영역까지 통치했던 부르고뉴 공국의 용
맹공 장(John the Fearless, 1371~1419)은 스코틀랜드 용병의 용

기와 충성을 특히 높이 샀다. 이를 기리기 위해 스코틀랜드 용병들의 국기인 안드레아 십자가를 톱니 형태로 변형하여 부르고뉴 공국기로 채택했다고 스페인 외교관 아얄라(Pedro de Ayala, 1475~1513)가 기록하고 있다.

부르고뉴 십자가는 거칠게 가지치기 처리된 붉은색의 두 나뭇가지가 흰색 바탕위에 올려진 형상을 하고 있다. 푸른색 바탕의 흰색 십자가가 왜 이렇게 바뀌었는지는 알려져 있지 않으나, 이 X자에서는 안드레아의 십자가보다는 서로 맞부딪치는 용병들의 창이 떠오른다.

왕후장상의 씨가 따로 있다고 생각한 중세유럽에서는 상속과 결혼으로 통치자가 바뀌는 경우가 많았다. 부르고뉴 공국도 원래는 현재의 프랑스 부르고뉴 지역만 통치하다가 결혼을 통해 14세기에 네덜란드와 벨기에를 포함하는 저지대까지 지배하게 되었다. 그러다가 15세기 말이 되면 역시 상속을 통해 부르고뉴 지역이 프랑스 왕국에 합병되고, 네덜란드 등 저지대지역은 합스부르크 왕가의 오스트리아에 합병된다. 프랑스 부르고뉴 지방은 고급 와인으로 유명하고, 매년 11월 셋째 주 목요일에 출시하는 햇와인인 보졸레누보를 생산하는 보졸레가 속한 지역이기도 하다.

부르고뉴 십자가

네덜란드 입장에서 보자면 부르고뉴령 네덜란드에서 합스부르크 네덜란드로 바뀐 셈이다. 합스부르크 네덜란드도 부르고뉴 깃발을 그대로 이어받는다. 암스테르담에서 안드레아 십자가 X를 내세운 시기도 이 무렵이다. 그런데 오스트리아 왕가가 스페인 왕실과 결혼하면서 합스부르크 왕가의 영향력은 스페인까지 미치고, 이를 계기로 부르고뉴 십자가도 스페인으로 진출하게 된다. 이렇게 스페인으로 온 부르고뉴의 십자가 X는 스페인 제국의 십자가로 채택되었고, 현재 스페인 왕실 문장에도 사용되고 있다.

스코틀랜드에서 출발한 안드레아의 십자가가 유럽 중서부인 부르고뉴와 그 지배강역이었던 네덜란드를 거쳐

4장 안드레아의 십자가 X

스페인에 도착한 이후 스페인은 아메리카 대륙에 진출하
여 특히 중부와 남부 아메리카 대부분을 그 영향권 아래
두게 된다. 이 바람에, 볼리비아의 추키사카와 미국의 플
로리다 등 여러 곳은 지금도 안드레아의 십자가를 깃발로
사용한다. 아메리카 대륙의 여러 십자가는 부르고뉴 십자
가의 톱니형상을 그대로 유지하기도 하고, 플로리다 기처

볼리비아의
추키사카 지역기

플로리다 주기

럼 처음에는 톱니를 가지다가 미끈한 몸통 형상으로 바뀌
기도 했다. 다만, 이들 모두는 흰색 바탕에 붉은색 X자라
는 공통점을 가진다.

　　　　　　　　　　　4장 안드레아의 십자가 X

5   암스테르담과 데카르트

네덜란드는 14세기에 부르고뉴령이 되었다가 15세기 말에는 합스부르크 네덜란드가 되어 오스트리아의 지배를 받게 되었고, 합스부르크 왕가가 결혼으로 스페인 통치권까지 물려받게 되자 간접적으로 스페인과도 인연을 맺게 된다. 이 상황에서 역시 상속을 통해 합스부르크 가문은 오스트리아와 인근 지배영역을 하나로, 스페인과 합스부르크 네덜란드를 묶어서 다른 하나로 나누게 된다. 이 바람에 공작령에 속할 정도로 작았던 네덜란드지역이 왕이 통치하는 스페인과 묶이니 스페인 왕의 지배를 받게 된다. 16세기 초의 일이었다.

자국 내 유대교도와 이슬람교도에게 높은 세금을 부과

해 개종시키거나 추방했던 카톨릭 수호국가 스페인은 신교지역인 네덜란드에도 무거운 세금을 부과하는가 하면 종교재판소를 설치하기도 했다. 견디다 못한 저지대 북부지역인 네덜란드는 1581년에 독립을 선언했고, 카톨릭교도가 많았던 남부지역은 그대로 남았다. 네덜란드의 독립에는 영국의 지원이 있었고, 이를 응징하려던 스페인 무적함대마저 영국이 격파해서 더 큰 도움이 되었다. 독립을 지원하지는 않았지만 무적함대가 무너진 틈을 타서 스페인과 전쟁을 벌여 승리한 프랑스도 도움을 준 셈이다. 스페인 편에 섰던 남부지역은 오랜 진통을 거쳐 300여년 뒤인 1830년에 벨기에로 독립한다.

독립국이 된 네덜란드는 중세유럽 최초로 왕이나 황제의 지배에서 벗어난 자치공화국을 이룬다. 독립선언한지 20여년 뒤인 1602년에는 세계 최초의 주식회사인 동인도회사를 설립하여 상업을 발전시키면서 이른바 황금시대를 열기 시작한다. 황금시대의 네덜란드는 상대적으로 자유로운 학문과 사상의 공간이기도 했다. 이 자유 공간을 찾아온 사람 중에는 '방법서설'을 펴내 근대철학의 아버지라 불리는 프랑스 출신 데카르트도 있었다.

데카르트가 네덜란드를 처음 찾은 때는 그의 나이 22세

때인 1618년이었다. 신구교 사이에 벌어진 종교전쟁인 30년 전쟁이 이 해에 시작되었고, 네덜란드는 그때까지 계속되어 온 독립전쟁의 일환으로 신교파에 가담하여 구교파인 스페인과 맞섰다. 데카르트는 전문 직업장교가 되려는 마음으로 네덜란드군에 용병으로 참여했다가 다행히도 2년 만에 군을 떠났는데, 추위를 피해 잠들었다가 꾼 꿈에서 영감을 받았기 때문이라고 한다. 그 꿈을 통해 데카르트는 모든 진리가 서로 연결되어 있다는 확신을 하고 진리를 발견하기 위한 학문의 길을 가기로 결심했다.

군대를 떠나 프랑스에 머물던 데카르트는 10년 뒤인 1628년에 다시 네덜란드로 돌아와 이번에는 암스테르담을 비롯한 여러 도시에서 약 20년 동안 머무른다. 이 시기인 1637년에 데카르트는 '방법서설'을 프랑스어로 쓰고 익명으로 출판한다. '방법서설'의 기하학에서 데카르트는 방정식의 미지수를 X로 제안했다. '방법서설'은 데카르트 사후인 1656년에 라틴어로 번역되어 암스테르담에서 출판된다. 안드레아의 X를 상징으로 가진 암스테르담은 이렇게 또 하나의 위대한 X와 인연을 맺는다.

X

1 　　　　　　　　　　　　　　　　　　　로마숫자 X

X가 미지도 아니고 안드레아의 십자가도 아닌 의미로 쓰이는 예로는 10을 나타내는 로마숫자 X가 있다. 로마는 그리스 문화를 이어받았지만 문자와 숫자는 로마보다 앞서 이탈리아 중북부에 존재했던 에트루리아에서 사용했던 문자에서 차용했다. 에트루리아 문자는 유럽에 거주하면서도 특이하게 인도유럽어를 쓰지 않았던 에트루리아인이 기원전 8세기경에 고대 그리스문자를 기본으로 하여 만들었으니, 크게 보면 그리스의 영향을 받았다고 볼 수도 있다.

에트루리아인은 고대 그리스처럼 이탈리아의 토스카나

지방을 중심으로 하여 여러 개의 도시국가를 건설하였으나, 그들이 어디에서 왔는지는 분명하지 않다. 그리스 역사가 헤로도토스(할리카르나소스의 헤로도토스, 기원전 484~425)는 '역사'에서 최초의 에트루리아인은 현대의 터키지역인 아나톨리아 서부지역에 있던 리디아왕국에서 기근을 피해 이동해 왔다고 한다. 그런가하면 로마사를 쓴 디오니시우스(할리카르낫소스의 디오니시우스, 기원전 1세기경)는 그 전부터 이탈리아 본토에 거주하던 사람들이라고 주장한다.

에트루리아는 고대 로마보다 앞서 번성기를 맞이했기 때문에 다양한 교류를 통해 로마에 많은 영향을 주었고, 이 때문에 로마는 에트루리아 문화를 흡수하면서 성장했다. 그러다가 로마가 강성해지면서 에트루리아의 개별 도시국가는 차례차례 로마에 복속되었다. 이렇게 통일 국가를 이루지 못한 에트루리아는 로마에 흡수되면서 사라졌지만, 로마문화에 에트루리아의 흔적은 진하게 남았다. 에트루리아 신화는 그리스 신화가 로마 신화로 넘어가는 중간 단계였다는 평가도 받고 있다.

I와 V, 그리고 X를 사용하는 로마 숫자 표시방식은 에트루리아인(Etrusci)의 숫자표기 양식에서 비롯되었다. 숫자 1을 나타내는 I는 수를 세기 위해 편 손가락 모양에서 가져

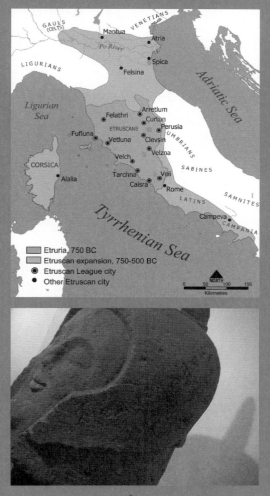

에트루리아 위치와 무덤비석에 새겨진 에트루리아 문자

에트루리아는 로마에 흡수되면서 사라졌지만,
로마문화에 에트루리아의 흔적은 진하게 남았다.
I와 V, 그리고 X를 사용하는 로마 숫자 표시방식은
에트루리아인의 숫자표기 양식에서 비롯되었다.

왔고, V는 손가락 5개를 쫙 편 모양을 단순화했거나 엄지와 검지를 벌린 모습을 본 떠 만들었다고 본다. 숫자 10인 X는 5인 V가 2개 있는 모양이되, 하나는 위에 다른 하나는 뒤집어서 아래에 붙였다고 한다.

그런가하면 숫자 10을 먼저 정한 다음 5를 만들었다는 주장도 있다. 막대기 2개를 교차해 10을 나타내는 X를 정하고, 5는 10의 절반이므로 X의 가운데를 잘라 절반을 썼다는 것이다. 처음부터 윗 부분인 V를 썼다는 견해와 아래 부분인 Λ를 쓰다가 윗부분인 V로 바뀌었다는 견해가 함께 있다.

어느 경우이든 X는 로마숫자로 10이다.

곱셈부호 X

X는 수학 연산을 표시하는 경우에는 곱셈부호로 사용된다. 곱셈부호는 수학의 역사에서 비교적 최근에 등장한다. 1631년, 영국의 윌리엄 오트레드(William Oughtred, 1574~1660)가 저술한 산술과 대수에 관한 책 '수학의 열쇠'(Clavis Mathematicae)에서 곱셈부호로 X를 처음 사용했다. 로그(logarithm)를 창안한 존 네이피어(John Napier, 1550~1617)의 유명한 저서 '로그의 경이로운 원리에 대한 설명'의 1618년판에 딸린 익명의 부록에도 곱셈부호 X가 소개되어 있다. 하지만, 수학사학자들은 이 부록에 쓰인 글도 역시 오트레드가 작성했다고 본다. 오트레드가 성공회 성직

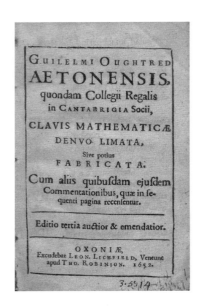

자였기 때문에 곱셈부호로 안드레아의 십자가인 X를 사
용했다는 주장도 있다.

　고대 바빌로니아 서판에서는 곱셈 표시로 'A-DU'라는
표의문자를 기록했으며, 이집트에서는 '머리를 기울이다'
라는 뜻을 가진 'wshtp'라는 로마자에 대응되는 문자를 사
용했다. '산학'(Arithmetica)을 펴낸 그리스의 수학자 디오판
토스는 곱셈부호를 사용하지 않았다. 그런가하면 1545년
에 '독일 산학'(Deutsche Arithmetica)을 쓴 스티펠(Michael Stifel,

1487-1567)은 곱하기(Multiplication)를 나타내는 부호로 알파벳 M을 사용했다. 1500년대 후반에 방정식에 사용되는 미지수로 알파벳 모음을 사용했던 비에트는 'A 곱하기 B'를 'A in B'로 표기하자고 제안했다. 곱셈부호 X는 이런 모든 제안이 받아들여지지 않던 상황에서 등장해 자리잡았다.

수의 곱셈을 나타내는 기호도, 연산을 설명하는 단어에서 출발해 알파벳을 거쳐 X라는 부호로 정착되는 과정을 겪은 셈이다. 상대적으로 짧겠지만, 미지수와 비슷한 길을 걸었다고 볼 수도 있다. 윌리엄 오트레드 이전에 곱셈부호로 X를 사용한 사례는 없었을까? 수학사학자 플로리안 캐조리(Florian Cajori, 1859-1930)는 '수학 부호의 역사'에서 오트레드 이전에 수학기호로 X가 단독으로 혹은 함께 사용된 기록을 모두 찾아보았다. 그가 조사한 바로는 X의 용례로 11가지 사례가 발견되었지만 곱셈부호로 사용된 기록은 없었다. 현재까지 발굴된 기록으로는 오트레드에게 곱셈부호 X의 저작권이 있음을 인정해야 한다.

X를 곱셈부호로 채택하는 과정에서 있었던 재미있는 일화로 초기에는 x를 아주 작게 썼다는 이야기를 들 수 있다. 오트레드의 곱셈부호가 세상에 소개된 1631년이 데카

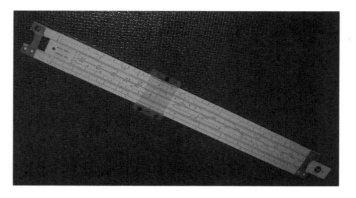

르트의 '방법서설' 출간년도(1637)보다 빨랐지만, 문자 X가
미지수의 상징으로 먼저 자리 잡는 바람에 혼동을 피하기
위해서였다.

실제로 라이프니츠는 1698년에 수학자 요한 베르누이
에게 보낸 편지에서 곱셈부호 X가 미지수 X와 혼동되므
로 점(·)을 곱셈부호로 사용하자고 했다. 미적분의 발명을
놓고 뉴튼과 다투기도 했던 라이프니츠는 그 이전 30여년
간 곱셈부호로 ⌒를 사용하기도 했다. 현재는 점(·)도 X
와 함께 곱셈부호로 사용되고는 있지만, 백터의 내적 등
특수한 경우에만 쓰인다.

오트레드는 저서 '수학의 열쇠'에서 곱셈부호 사용뿐 아
니라 sine과 cosine의 약어로 'sin', 'cos'을 제안했으며, 산술

과 대수를 정리하여 수학발달에 큰 기여를 했다. 또한, 사칙연산을 빠르게 할 수 있도록 도와주는 계산자를 발명하기도 했다.

성직자이면서 수학에도 뛰어났던 오트레드가 제안한 곱셈부호 X의 뿌리가 안드레아의 십자가일 수도 있다니, 세상일은 참 복잡하게 얽혀있다.

X는 부정이나 틀리다는 뜻을 나타내는 기호로 표기되기도 한다. 인정할 수 없는 일이나 동의하지 않는 말에 대해서 X자를 보이거나, 양팔을 서로 가로질러 X표시를 하는 경우가 있다. 이와 같이 X가 부정 또는 틀림의 뜻으로 사용될 때는 가새표 또는 가위표라고 하는데, '가새'는 사각형 틀 안에 대각선으로 나무를 덧대는 것이다. 서로 교차한 형상 자체에 의미가 있으므로 가새표라고 하거나, 가위 모양이라고 해서 가위표라는 표현이 사용된다.

그런데 이때 사용되는 부호 X와 반대되는 뜻을 가진 부호를 우리는 주로 O로 생각한다. OX표시, OX문제 등은 우리 주변에서 익숙하게 접할 수 있기 때문이다. 그런데 부정, 거부, 틀림 등의 X와 상대되는 개념의 기호로 O를 사용하는 나라는 의외로 적어서 한국, 일본, 대만 정도이다. 미국이나 유럽에서 통용되고 있는 X의 다른 쌍은 확인 표시(check mark)인 틱(tick: ✔)이다. 한국의 OX 문제는 서양으로 가면 '틱(tick)과 X' 문제가 되곤 한다.

tick과 X 기호

X가 단독으로 쓰이지는 않지만, 부정적인 의미의 극단을 나타내는 '해골과 X자 뼈'(skull and crossbones)는 죽음의 상징 또는 '죽음을 기억하라'(memento mori)는 경고의 의미로 중세부터 사용되어 왔다. 이 표시는 독극물이니 주의하라는 경고표시로도 사용되는데, 1829년에 미국 뉴욕주가 모든 독극물 통에 위험표시를 하라는 요구에 사용된 것이 시작이었다. 그 뒤로 다양한 종류의 표시가 쓰이다가 1880년대가 되면 모든 독극물에 해골과 X자 뼈가 표시된다.

5장 변형된 부호 X

해골과 X자 뼈의 유니코드(왼쪽)
유럽의 표준 독극물 표시(오른쪽)

　그런데 해골과 X자 뼈는 만화나 영화에서 해적 깃발 등
으로 사용되면서 대중적인 인기를 얻기도 해서, 공룡처럼
어린이들이 좋아하는 상징이 되는 문제가 생겼다. 어린이
들이 독극물 표시가 된 병이나 상자를 만화영화에서 친숙
하게 보던 표지로 잘못 인식해서 만지는 문제가 생기곤 했
다. 그래서 미국에서는 어린이 보호를 위해 Mr. Yuk 상표
를 먹는 독극물에 주로 표시한다.

　문제는 Mr. Yuk이 피츠버그대학 어린이병원의 등록상
표라서, 사용료를 지불해야 한다는 점이다. 물론 대학에
편지를 보내면 상표가 인쇄된 종이를 무료로 보내주기도
한다. 그렇지만 보내주는 양만큼만 무료로 사용할 수 있기

Mr. yuk

때문에, 상표등록이 되어 있지 않은 해골과 X자 뼈처럼 누구나 사용가능한 표장과는 차이가 있다.

X자 모양도 아니고 X가 특별한 의미를 가지는 것도 아니지만, X가 이름에 들어간 'X 밴드'는 마이크로파의 특정 주파수대역을 가리키는 용어이다. 여기서 X는 특별한 의미없이 선택된 알파벳일 뿐이다. 레이더공학에서는 미국 전기전자학회(Institute of Electrical and Electronics Engineers)에서 정한 8.0GHz~12.0GHz 사이 주파수대역을 말한다. 이 대역에 속한 전자기파의 파장은 3.75~2.5 cm범위이다.

X 밴드의 전자기파를 사용하는 레이더는 민간과 군수용으로 다양하게 사용되고 있어서, 날씨 관찰, 항공 운항

관제, 해양 선박 제어, 미사일 방어체계 그리고 단속용 자동차 속도측정 장치 등에 활용된다. 우리에게도 익숙한 군수용 X 밴드 레이더가 있으니, 사드(THAAD)라고 불리는 종말고고도지역방어(Terminal High Altitude Area Defense) 미사일 방어체계의 감시용 레이더이다.

L 밴드	1 to 2 GHz
S 밴드	2 to 4 GHz
C 밴드	4 to 8 GHz
X 밴드	8 to 12 GHz
ku 밴드	12 to 18 GHz
k 밴드	18 to 26.5 GHz
ka 밴드	26.5 to 40 GHz

전자기파 주파수로
분류한 X 밴드와
주변 밴드

광활한 벌판을 바라보며 며칠 동안 달리는 장거리열차
가 시베리아에만 있는 건 아니다. 철도연장이 가장 긴 나
라를 러시아나 중국으로 알고 있는 경우가 많은데 뜻밖
에도 미국이다. 미국의 철도연장(대략 23만km)은 러시아
(약 8만5천km)의 3배 정도 되고 중국(약 6만6천km)보다는 4
배 가까이 길 뿐 아니라 제대로 된 대륙횡단철도도 1869
년에 가장 먼저* 건설했다. 1822년 영국의 스티븐슨(George
Stephenson, 1781~1848)이 최초로 동물의 힘을 이용하지 않는

---

* 유라시아 대륙보다 좌우길이가 짧은 아메리카 대륙의 회랑지대인 파나마에 1855년
동서횡단철도가 먼저 건설되기는 했지만 길이가 고작 77km였다.

철도를 건설한 뒤 47년 지나서였다.

대륙횡단철도가 건설되고 약 20여년이 지난 1887년 미국에서 개발된 노면전차는 도시 내부를 연결하는 교통수단으로 발전하였다. 독일 지멘스사가 1879년에 개발한 전차를 개량한 것이었다. 그러나, 도시와 도시 사이 운송은 철도가 담당하고 도시 내부의 이동은 노면전차가 책임지는 철마전성시대는 오래가지 않았다. 자동차 대중화 시대를 연 포드자동차의 모델 T 생산이 1908년부터 시작됐기 때문이다. 1885년 독일의 칼 벤츠(Karl Friedrich Benz, 1844~1929)가 모터자동차 특허를 출원한 지 불과 23년만이었다.

이후 자동차는 전 세계 대부분의 도시에서 노면전차를 밀어냈고, 적어도 미국의 여객운송 분야에서는 철도를 거의 무용지물로 만들었다. 서울에도 대한제국 시절인 1899년에 운행을 시작했던 전차는 1968년에 운행을 종료하였다. 다만, 미국과는 달리 한국의 대도시에는 지하철이 건설되었고 도시와 도시 사이에는 고속전철을 비롯한 다양한 철도가 여객운송을 자동차와 나누어 부담하고 있다.

진행경로가 확보된 궤도를 따라 달리는데다 차체가 무거운 철도차량은 예상하지 못한 장애물을 발견하더라도

건널목 신호장치
_위그웨그

갑자기 멈출 수 없어서, 철도가 차도와 만나는 교차점에서는 차량이 멈추어야 한다. 교통사고처리 특례법에서도 철길 건널목 통과방법 위반으로 일어난 사고는 신호위반이나 중앙선침범과 같은 중대과실로 취급하여 엄격하게 처벌한다. 문제는 처음 운전하는 길에서는 앞에 철도가 지나가는지 알기 어렵다는 점이다. 미국의 발명가 알버트 헌트(Albert Hunt)가 1909년에 위그웨그(Wigwag)라는 별명으로 불리던 건널목 경고 장치를 만든 이유이다. 검은색 테두리와 십자가가 그려진 흰색 바탕의 중심에 붉은색 표시를 한 원판이 시계추와 같이 흔들리도록 만든 장치였다.

철길 건널목과 만나는 도로는 점차 지하터널 또는 지상 고가도로와 같은 입체 교차방식으로 바뀌었지만, 그럴수록 철길 건널목은 한적한 교외의 도로에만 남았고 그런 건널목에는 지키는 사람인 간수도 없는 경우가 많다. 그러자 위그웨그도 보다 눈에 잘 띄는 형태로 변경되어, 길이가 같은 두 개의 판을 X자 형태로 기둥에 고정한 현재의 크로스벅(crossbuck)으로 바뀌었다. 이런 과정을 거쳐 현재 전 세계 철길건널목 경계표지는 한국도 가입한 '도로 표지판 및 신호에 관한 비엔나 협약'에서 규정한 크로스벅으로 통일되었다. 국가 간의 협의인 조약으로 채택된 X는 철도가 앞에 있으니 조심하라는 표지이다.

철길 건널목 경계표지는 위험이 올 수도 있음을 예고하

철길 건널목 표시
크로스벅(crossbuck)
_한국(왼쪽)과 미국

는 표지이다. 표지가 설치된 곳에는 속도를 줄이거나 잠시 멈춰서 열차가 오는지 살펴보고 건너야 한다. 건널목이라는 공간을 알려주는 표지처럼 시간의 흐름에서도 특정 시기를 알려줄 수 있는 표지를 찾으려는 노력은 여러 종류의 예측지표를 만들어냈다. 이런 시간 예고표지에도 X가 자리하고 있으니, 주식 시장에 기술적 분석을 도입한 조셉 그랜빌(Joseph Ensign Granville, 1923~2013)의 이동평균선 분석에 등장하는 크로스(X)이다.

하루하루 변하는 주가는 일정기간 동안의 평균값으로 계산할 수 있다. 월요일에 5천원이던 어떤 주식이 매일 천원씩 올라 금요일에 9천원이 되었다면, 금요일 기준으로 지난 5일간의 평균값은 7천원이다. 다음 주 월요일에도 또 천원이 올라가 만원이 되었다면 월요일을 기준으로 한 지난 5일간의 평균값은 8천원이 된다. 이렇게 매일매일 각각 계산한 지난 5일간의 평균값을 연결한 선을 5일 이동평균선이라고 한다. 주식 분석가들은 다양한 기간의 이동평균선을 계산하여 그래프로 함께 그리기도 한다. 예를 들어 단기 이동평균선인 5일선과 중기 이동평균선인 60일선을 함께 그렸을 때, 중기 이동평균선의 아래에서 출발한 단기 이동평균선이 중기 이동평균선 위로 치고 올라가

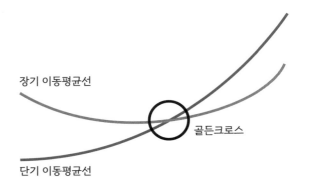

장기 이동평균선

골든크로스

단기 이동평균선

이동평균선
변화로 본 골든크로스

면 골든 크로스(golden X)라고 부른다.

단기간의 주식평균값이 중기간의 주식평균값보다 높아지고 있다면 그 주식의 가격은 추세적으로 상승하고 있다고 볼 수 있으므로 투자대상으로 고려할 만하다. 이른바 단기간에 작전세력이 펼치는 주가조작으로는 200일 이상의 장기 이동평균선과 60일 정도의 중기 이동평균선이 만드는 황금 X선을 만들어내기 어렵다. 골든 크로스와 반대로 단기 이동평균선이 중장기 이동평균선 아래로 치고 내려가는 현상은 데드 크로스, 죽음의 X라고 부른다.

골든 크로스와 데드 크로스는 대통령의 긍정평가와 부정평가 곡선이 교차하는 지점을 나타내는데도 사용된다. 뿐만 아니라 박빙인 선거에서 1위와 2위 후보 사이의 지지율이 서로 뒤바뀌는 현상에도 쓰인다. 1위 차지싸움을 골든 크로스라고 부르기 때문에 2위를 차지하기 위해 다투는 2위와 3위 후보 사이의 지지율 교차 현상은 실버 크로스라고 한다. 황금 X이든 죽음의 X이든 이렇게 만나는 X는 하루하루의 변화가 아닌 추세의 변환을 알려주는 예고지표이므로 무언가 근본적인 대비를 하는 것이 바람직하다.

5   X를 닮은 갈고리 십자가(Hakenkreuz) 卐

맬컴 X는 흑인에게 도움이 되었던 백인이 정말 하나도 없냐는 질문을 받자, "굳이 이야기하자면 두 사람이 있는데 히틀러와 스탈린"이라고 답했다. 맬컴 X가 한때 대변인으로 활동했던 이슬람국가가 반유대성향을 보이기는 했지만 그가 히틀러를 찬양한 것은 아니었다. 히틀러가 벌인 제2차 세계대전, 스탈린과 맞서는 냉전으로 인해 백인들이 방위산업분야의 사무직으로 흑인을 고용할 수밖에 없었다는 냉소적인 비판이다. 당시에는 흑인들이 몰려 사는 할렘가에서조차 흑인이 주인인 식당이나 하숙집을 찾기 힘든 시절이었다.

히틀러는 결코 흑인에게 관대하지 않았다. 히틀러의 광기는 유태인 뿐 아니라 집시, 장애인, 그리고 아프리카계 독일인(Afro-Germans)에게까지 미쳤다. 그가 판단하기에 유전적으로 열등한 인종과 독일인이 결혼하는 행위는 아리아 인종이 가진 우수한 혈통의 우수성을 희석시키는 일이었다. 히틀러는 이 열등한 인종에 유대인, 집시, 아프리카인과 슬라브족을 포함시켰다.

실제로 세계 제1차대전 패전국이었던 독일은 베르사이유 조약으로 연합국에 막대한 배상금을 물어야 했으나, 독일이 채무불이행을 하자, 프랑스와 벨기에는 국경과 접한 라인강 유역인 라인란트 지역을 직접 점령한다. 이때 점령군으로 주둔한 부대 중에는 흔히 독일에서 '세네갈 부대'라고 불리는 프랑스 식민지 출신 흑인부대가 있었고, 이들과 독일여성 사이에서 태어난 아이들이 있었다. 독일에서는 이들에 대해 라인란트 놈들(Rhineland Bastards)이라면서 멸시하는 분위기가 있었고, 나치는 이들을 강제수용하고 아예 후손을 가지지 못하도록 불임수술을 하는 등의 만행을 저질렀다.

미술학교 입학시험에는 떨어졌지만 스스로 예술적 감각이 있다고 믿었던 히틀러는 직접 갈고리 십자가 하켄크

로이츠를 나치의 상징으로 골랐다. 고대 게르만어인 룬 문
자(Runic alphabet)에서 태양이라는 의미인 시겔 ㄴ을 두 개
겹쳐서 표시한 갈고리 십자가 ㅆ는 행운의 상징이었다.
이를 45도 돌려서 표시한 하켄크로이츠 ㅆ는 나치 당기로
쓰이다가 나치가 정권을 잡자 국기로 사용되었다.

　갈고리 십자가는 고대 게르만족 말고도 여러 곳에서 쓰
였으니 고대 그리스에서는 그리스어 대문자 알파벳 감마
(Γ)가 네 개 겹쳐 있는 모양이라고 해서 '감마디온'이라고
도 한다. 이는 신들의 왕 제우스 또는 태양신 헬리오스의
상징으로 사용되기도 했다. 힌두교에서는 비슈누신의 상

징으로 산스크리트어로 '스와스티카'라고 한다. 불교에서는 卍(만자) 또는 卐(역만자)를 부처님의 가슴에 나타난 길상의 표시로 본다.

하켄크로이츠는 그 형상에서 X자의 끝을 구부린 모양이라는 유사성 이외에는 X자와 어떤 유의미한 관련도 없다. 그러므로 하켄크로이츠가 가지는 뜻인 고대의 여러 신에서부터 나치즘까지 미지 또는 성 안드레아 십자가와 어떤 연결고리도 없다. 나치 이후로는 스와스티카 또는 감마디온이 가졌던 의미마저 대부분 나치즘속에 가려서 보이지 않을 정도이다.

나치 이후 독일을 비롯한 유럽에서는 나치와 관련한 하켄크로이츠의 사용이 엄격히 금지되고 있다. 독일은 반나치법안을 통해 독일 헌법에 위배되는 단체의 상징을 사용하는 행위가 금지되며, 연방헌법재판소가 판단한 대표적인 상징이 하켄크로이츠이다. 네오나치 등 극우파 일부에서 하켄크로이츠나 나치식 구호를 사용하는 행위에 대해서 독일은 감옥형 또는 벌금형으로 엄하게 다스린다.

1   물질

앎의 탐구대상은 결국 나와 나를 둘러싼 자연이다. 나에 대한 탐구가 의식의 영역을 밝히는 것이라면 자연에 대한 탐구는 사물의 본질을 밝히는 일이다. 의식과 물질에 대해 인류가 확장해 온 앎의 공간은 X가 차지하던 자리를 대체한 영역이기도 하다. 앎의 공간이 작을 때는 그 공간을 둘러싸고 있는 X의 면적도 작았지만 어디서나 볼 수 있어서 압도적이었다. 앎이 확대되면서 공간이 커지자 X의 면적도 덩달아 넓어졌고, 이제는 서 있는 위치에 따라 보이는 X도 다르고 아예 안 보이기도 한다.

과학기술의 발달로 물질과 의식의 본질과 원리를 모두

설명할 수 있을 거라고 생각하는 시대에 살고 있는 우리는 보이는 X가 전부인줄 알고 교만해지곤 한다. X에 대한 지나친 신비화는 언제나 경계의 대상이지만, X 역시 아는 만큼 보인다는 사실을 잊지 않는 태도 역시 중요하다. 사물의 본질에 대한 탐구는 인류의 역사와 함께 시작되었고 지금도 계속되고 있다.

"원래 근원이었던 원소로
모든 것은 되돌아간다.
우리 몸은 흙으로,
우리 피는 물로,
열은 불로,
숨은 공기로."

영국의 시인 매튜 아놀드(Matthew Arnold, 1822~1888)가 쓴 '에트나 산 위의 엠페도클레스'의 한 구절이다. 엠페도클레스(Empedokles, 기원전 494년경~434년경)는 이탈리아 시실리 섬의 에트나 화산에 뛰어들었다는 전설을 남겼다. 세상 만물은 흙, 물, 불, 공기 4원소의 결합으로 이루어져 있다는 4원소설의 제창자이다. 그는 죽음조차 이들 4원소의 분리

이탈리아 화가 살바토르 로사(Salvator Rosa, 1615~1673) 작품,
엠페도클레스의 죽음

와 결합과정이라면서 윤회설을 주장했고, 정화를 위해서 죽음의 장소로 화산을 선택했다는 주장도 있다. 스스로 신이라고 주장했기 때문에 신성을 보여주기 위해서였다고도 한다. 어찌 되었거나 그의 죽음은 시인이나 화가에게 큰 영감을 주었고, 그가 주장한 4원소설은 중세의 연금술사에게도 영향을 미쳤다

모든 물질이 최소한의 기본물질로 이루어져 있다는 4원소설과 달리 각 물질은 그 물질의 특성을 유지하는 가장 작은 크기를 가지는 원자의 결합이라는 원자설을 주장한 데모크리토스(Democritus, 기원전 460년경~370년경)도 있다. 그는 물질의 굳기는 원자의 모양과 관련되어 있다고 보고, 철(iron) 원자는 굳고 강하며 서로를 단단하게 결합시키는 고리가 있다고 봤다. 또한 물 원자는 매끈하고 미끄러우며, 소금원자는 날카롭고 뾰족하다고 주장했다. 데모크리토스의 이론은 근대과학이 밝혀낸 원자론에 영감을 주었다.

모든 물질이 더 이상 쪼갤 수 없는 원자로 구성되어 있으며, 물질이 다르면 구성원자도 다르다는 근대 원자론은 영국의 화학자 돌턴(John Dalton, 1766~1844)에 의해 확립되었다. 돌턴에 이르러서야 비로소 서로 다른 원자의 근본적인 차이는 질량이라는 점도 알게되었다. 이제 산소, 질

소, 철, 알루미늄 등 물질별로 원자를 찾아내면 되었다. 프랑스에서 새로운 원소를 발견해 프랑스를 이르는 라틴어 갈리아를 따서 갈륨(Gallium)이라고 명명하자, 독일에서 발견한 새 원소에는 독일의 라틴어 이름을 딴 저마늄(Germanium, 게르마늄)이라고 부르기도 했다. 데모크리토스의 원자론이 엠페도클레스의 4원소설에 대해 승리한 것으로 보였다.

그러나 '분할(tom)이 불가능한(a-) 입자(atom)'라는 그리스 어원의 원자도 실제로는 더 작은 입자로 나누어질 수 있음이 밝혀졌다. 음극선관 실험을 통해 톰슨(Joseph John Thomson, 1856~1940)이 전자의 존재를 1897년에 확인한 뒤, 러더퍼드가 1911년에 양전하 핵을 중심으로 전자가 회전하는 원자모형을 주장했다. 다시 1932년에는 양성자와 함께 핵을 이루는 중성자를 채드윅(James Chadwick, 1891~1974)이 발견함으로써 원자의 내부구조가 밝혀졌다. 원자의 구성물질인 전자, 양성자, 중성자는 다시 쪼개지기 어려워 보여서, 이들이 모든 물질을 이루는 기본 입자라고 생각하기도 했다. 양성자, 중성자, 전자 이렇게 3원소의 조합으로 모든 물질을 만들 수 있으니 이들 세 개를 기반으로 새로운 3원소설을 주장한다면, 그 이론적 뿌리에는 엠페도클레스가 있는 것 아닐까?

하지만 이 역시 끝이 아니었다. 머리 겔만(Murray Gell-Mann, 1929~2019)은 양성자나 중성자를 3개의 입자로 다시 나눌 수 있음을 보였고, 이 3개의 입자에 쿼크라는 이름을 붙였다. 쿼크는 난해하기로 악명 높은 제임스 조이스의 소설 '피네간의 경야' 2부 4장 첫머리에 나오는 '마크 대왕을 위한 3개의 쿼크!'*라는 구절에서 따왔다. 노벨상을 받은 위대한 물리학자는 영문학자도 읽지 않는다는 소설도 읽었던 것이다.

쿼크만 있는 것이 아니었다. 현재까지 밝혀진 쿼크 수준의 입자는 모두 17개로 이들 가장 작은 입자를 물리학에서는 기본입자라고 부른다. 이 기본입자들은 서로 결합하고 그 과정에서 힘을 주고받도록 매개하며 질량을 부여하는 등의 역할을 하여 물질을 이루고 운동을 한다. 이처럼 기본입자와 기본입자를 연결하는 힘을 다루는 이론을 표준모형이라고 부른다. 현대물리학은 표준모형을 통해 물질의 본질을 밝혀내고 물질이 어떤 힘으로 한 데 묶여 있으며 어떻게 운동하는지도 설명해냈다.

여기에 더해 중력이론으로 우리가 살고 있는 지구는 물

---

* "Three quarks for Muster Mark!"

론 태양계와 우주의 운행에 대한 법칙도 밝혀내 적어도 물질 또는 자연에 대해서는 앎의 최대치까지 왔다고 생각했지만 인류는 또 다시 엄청난 미지 X를 만났다. 빛으로 검출할 수 없는 암흑물질과 역시 형태를 알 수 없는 에너지인 암흑에너지가 이 우주에 가득 차 있다는 사실을 은하와 별의 운동으로부터 확인한 것이다. 암흑물질과 암흑에너지는 전체 우주 에너지-질량**의 95%를 차지하지만, 암흑물질을 구성하는 입자는 표준모형의 기본입자나 그 조합으로 설명할 수 없으며 암흑에너지 역시 그 정체를 알 수 없다. 인류가 현재까지 밝혀낸 물리학 이론으로는 전체 에너지와 물질의 고작 5%밖에 설명하지 못한다.

이처럼 사물의 본질에 대해서 우리는 앎의 공간을 끊임없이 넓혀 왔지만 그 경계면에서 새로운 X가 발견되면서 지금까지 쌓아 온 앎보다 훨씬 큰 X와 다시 마주하고 있다. 앎이 커질수록 그 이전에는 존재조차 알지 못하던 X가 우리 앞에 나타나기 때문이다. 그러나 앎은 또 다른 X가 있다는 것을 밝혀내는 데서 출발하기도 한다. 그 과정에서 X를 이해하고 참된 지식의 분야로 끌어오면 그때까지 모

** 아인슈타인의 $E=mc^2$ 식을 이용하면 에너지를 질량으로, 혹은 질량을 에너지로 환산할 수 있다.

6장 내 안의 X

르던 또 다른 X를 만날 수도 있다. 인류의 위대함은 지금까지 어떤 X를 만나도 지치지 않고 그 X를 향해 앎의 공간을 확장시켜 왔다는데 있다.

2

의식

의식의 사전적 의미는 깨어 있는 상태에서 자기 자신이나 사물에 대하여 인식하는 작용이다. 인식이란 사물을 분별하고 판단하여 아는 일이므로, 의식은 자신 또는 사물을 아는 일이 된다. 자기에 대한 의식인 자의식을 제외하면 의식이란 결국 사물을 파악하는 주관적 감정이다. 현대과학은 이 의식이라는 경험이 인체 내 어느 부위에서 일어나고 있는지를 연구해서 뇌의 전두엽을 집중적으로 연구하고 있기도 하다. 이런 연구의 결과가 현실화되면서 인간의 의식을 조작할 수 있는 도구로 활용될 수 있다는 우려도 커지는 상황이다.

인공지능 연구와 함께 인간의 의식조작도 기계적으로 가능한가 여부가 문제되지만 이와 별개로 심리적 측면의 의식조작은 현재도 심각한 상황이다. 인간이 집단을 이루어 살기 시작하면서부터 누군가의 의식을 조작하려는 시도는 꾸준히 있어왔고, 20세기에 발호한 전체주의 정치집단은 광범위하고도 체계적인 의식조작으로 대중을 선동했다.

히틀러(Adolf Hitler, 1889~1945)가 즐겨 사용했다는 '거짓말쟁이 언론(Lügenpresse: 뤼겐프레세)'이라는 말은 나치당의 반유대주의를 진실이라고 보도하지 않는 언론을 공격하던 가치전도의 용어였다. 뻔한 거짓말이었으므로 처음에는 배척받았으나 나치는 계속되는 단순반복을 통해 사람들이 거짓을 받아들이도록 하는 데 성공했다. 여기에다 희대의 선동가 괴벨스(Paul Joseph Goebbels, 1897~1945)는 99%의 거짓말과 1%의 진실을 섞어 100%의 거짓말보다 더 낫다는 거짓말 확산효과를 가져와 대중을 나치 뜻대로 움직였다. 물론 그 결과는 전쟁의 수렁과 패망이었다.

불행히도 역사는 반복된다. 영국의 유럽연합 탈퇴(Brexit)와 트럼프의 선거가 벌어졌던 해인 2016년, 영국 옥스퍼드 사전이 그해 세계의 단어로 선택한 말은 '탈 진실(post-truth)'이었다. 옥스퍼드사전 위원회는 탈 진실을 "객관적 사실이 공중의 의견을 형성하는 데 개인적 신념과 감정에 호소하는 것보다 영향력을 덜 끼치는 환경을 의미"한다고 정의했다. 탈 진실의 세계로 향하고 싶은 욕망은 이미 2002년 럼스펠드의 기자회견에서 표출된 바 있다. 그렇지만 이는 징후에 불과했지 보편적인 현상은 아니었다.

2016년이 되면 탈 진실은 이미 진실의 대안 자리에 올라선다. 옥스퍼드사전이 밝힌 2016년 올해의 단어로 유력했던 또 하나의 단어가 바로 대안 우파(alternative-right)였다. '대안'이라는 용어는 '거짓' 혹은 '반대'라는 원래 의미를 감추기 위해 사용되는 가치혼돈의 언어이다. "극단적 보수주의적 관점을 지닌 집단으로 주류 정치를 거부하며 온라인 미디어를 통해서 의도적으로 논쟁적 내용을 퍼뜨리는 것이 특징"인 대안 우파는 탈 진실을 주도하는 집단이기도 하다. 이 점에서 알려진 미지(known unknowns)와 알려지지 않은 미지(unknown unknowns)를 X로 상정한 럼스펠드가 말장난꾼이라고 한다면 이들은 거짓말쟁이 또는 사기꾼이다.

이른바 대안 우파는 앎과 미지를 구별하여 미지를 X로 규정하는 것이 아니라, 자신들의 거짓을 거짓이라고 올바

르게 말하면 이를 가짜뉴스라고 주장한다. 사실보도를 가짜뉴스라고 매도하는 이들의 주장이야 말로 가짜뉴스이며, 더 정확하게는 사기 뉴스이다. 그러므로 이들의 언설 전체는 부정해야 할 대상인 X로 취급되어야 한다. 트럼프 대통령의 취임식 행사에 오바마 대통령 취임식 때보다 더 많은 인파가 몰렸다는 명백한 허위사실을 주장한 트럼프의 참모들은 기자들의 질문으로 궁지에 몰리자, 이러한 주장이 대안적 사실(alternative facts)을 말한 것이라고 둘러대기도 했다. '대안'이라는 용어야말로 이들이 도피하는 공간을 감추기 위해 즐겨 사용하는 가림막이다.

탈 진실이나 대안적 사실과 같은 이상한 말을 듣게 되면 대부분의 사람들은 당황한다. 마치 조지 오웰의 '1984'에 나오는 독재국가 오세아니아에서 사용되는 생각 통제언어 '뉴스피크'(Newspeak)와 같이 들리기 때문이다. 뉴스피크는 어떤 단어를 제거하거나 변경하기도 하고, 단어의 뜻을 다르게 쓰거나 새로운 단어를 만드는 '대안적' 언어이기도 하다.

대안적 언어와 같은 궤변을 들을 때, 이에 대한 평가는 단순해야 한다. 방송 인터뷰 중 '대안 우파'로부터 '대안적 사실'이란 말을 들은 미국 NBC 방송 앵커 척 토드(Chuck

2009년 1월
오바마 대통령 취임식(위)과
2017년 1월
트럼프 대통령 취임식

Todd, 1972~)가 했던 말로 답을 하면 된다. "대안적 사실은 사실이 아니죠. 거짓말(falsehood)일 뿐입니다." SNS(Social Network Service)와 개인 미디어가 전성기를 누리는 시대에 거짓말에 휘둘리지 않으면서 사회의 일부로 살아가기 위해서는 확인해야 할 일이 많기만 하다.

탈 진실이나 대안적 사실은 어떤 이름으로 불리더라도 거짓이므로 부정되어야 한다. 따라서 이 공간에서 앎과 미지를 구분하는 행위는 무의미하다. 그런 점에서 이러한 행위 전체가 속하는 부정 X의 공간도 배제해야 한다. 이러한 부정 X의 공간으로는 미지와 대비되는 앎이 아니라 진실이라는 앎이 파고들어가 그 영역을 확대해야 한다. 거짓은 결국 진실 앞에서 무너지기 때문이다. 만약 99%의 거짓말이 1%의 진실과 섞여 있다면 그 1%의 공간에서 시작해 나머지 99%의 공간으로 진실의 영역을 키워나가야 한다.

3   팔짱 낀 사람

2011년 가을 미국 수도 워싱턴의 링컨 기념관 근처
에 흑인 인권운동가 마틴 루터 킹(Martin Luther King, Jr.,
1929~1968) 기념상이 세워졌다. 미국인이 가장 존경한다는
이 두 위대한 위인을 기념하는 공간 사이에는 한국전 참전
용사 기념비가 있다. 1963년 20만명 앞에서 "나에게는 꿈
이 있습니다"라고 연설했던 국회의사당 앞 광장인 내셔널
몰(National Mall)을 바라보는 웅장한 9m 높이의 석상이다.
20년 동안 준비하고 10년간 모금운동을 벌여 1천2백억원
을 모아 세웠다는 웅장한 마틴 루터 킹 조각상은 팔짱을
끼고 있다.

  심리학자 중에는 팔짱을 끼는 행위를 상대방에 대한 거
절 또는 상대방으로부터 자기방어를 하려는 무의식적인
행동으로 보기도 한다. 울타리를 치는 행동으로 해석하는
것이다. 비슷한 의미로 상대방에 대한 두려움을 감추기 위
한 보호행위라고 보기도 한다.

  반면에 팔짱에 대해 우호적인 해석을 펼치는 입장도 있
다. 팔짱을 끼는 행위가 좌뇌와 우뇌를 동시에 활성화시키
는 행위로 보아 순간적인 판단력 향상에 도움이 된다는 주
장이 있는가 하면, 마음을 편안하게 해 주는 분노억제의
수단으로 숨쉬기와 함께 팔짱을 권유하기도 한다. 심지어
서구에서조차 팔짱을 끼는 사람은 상대방에 비해 높은 지

위에 있다는 분석도 있다. 그러므로 힘을 가진 사람이 할수 있는 자세(power pose)라고도 한다.

팔짱은 몸으로 만드는 X이다. 자신의 생각을 상대방에게 미지로 남겨두는 자세이기도 하고, 권위적인 자세로 군림하듯 다가오는 자세이기도 하다. 마틴 루터 킹의 조각상이 취한 팔짱을 두고도 깡패가 취하는 자세라는 비판이 나왔던 이유이다.

마틴 루터 킹의 팔짱이 나타내는 X는 미지의 기호에서거룩한 상징까지 극과 극으로 인식될 수 있는 X의 다양한모습 중 어디와 가까울까? 1965년 흑인 투표권 쟁취를 위해 앨라배마 셀마에서 몽고메리로 향했던 마틴 루터 킹은동료들과 함께 팔짱을 끼고 걸음을 옮겼다. 동료들과 함께한 팔짱이 연대의 상징이라면, 마틴 루터 킹이 홀로 낀 팔짱은 미국대통령까지 배출한 흑인이 이제는 홀로 설 수 있다는 자립 혹은 자존의 상징이 아닐까?

셀마에서 몽고메리로 행진하는 마틴 루터 킹

동료들과 함께 한 팔짱이 연대의 상징이라면,
마틴 루터 킹이 홀로 낀 팔짱은 미국대통령까지 배출한 흑인이
이제는 홀로 설 수 있다는 자립 혹은 자존의 상징이 아닐까?

X는 건너가기다

2020년 봄, 전 세계는 코로나19 바이러스 감염병 충격에 멈춰 섰다. '조하리의 창' 중 위기관리에서 살펴보았듯이 모든 영역의 위기는 공개영역 즉, 알려진 앎의 공간으로 전환시켜야 최소화된다. 대한민국은 민주적 통제와 언론자유를 바탕으로 전 세계에서 가장 적극적이고 투명한 방역과 공개를 취해 뛰어난 위기대응 성과를 획득한 사례로 언급된다. 과학적 판단을 기초로 한 국가역량을 대거 투입하여 공격적으로 X가 차지한 공간을 최소화했기에 가능한 일이었다. 그렇지만 새롭게 X의 영역으로 인식된 바이러스 치료제와 예방백신의 공간에는 아직 발을 들여놓지 못하고 있다.

그런가하면 대한민국은 신천지의 비밀스런 종교행위와

일부 개신교회의 집단예배중지 거부라는 현실을 만나기도 했다. 종교와 유사종교를 나누는 기준은 무엇인지, 종교적 언어와 일상의 언어는 서로 어떻게 다른지 비종교인이 알기는 쉽지 않았다. 누군가에는 가장 명확한 공간이 다른 사람에게는 접근조차 시도할 수 없는 암흑의 X 공간으로 분류되는 현상이다.

지금까지 살펴 본 X는 과학과 종교를 포함한 문화의 여러 분야에서 다양한 모습으로 나타나 서로 영향을 주고받았다. 그런 면에서 X가 품고 있는 함의는 '건너가기'이다. 수학과 과학의 역사에서 X가 가진 미지의 뿌리를 찾아보고, 기독교의 전파 과정에서 또 하나의 십자가로 자리 잡은 X를 탐구해 본 것은 그 둘을 분리하고자 함이 아니라 서로 교차하여 이해하기 위해서였다.

X는 두개의 선이 서로 교차하는 모습이기도 하고, 하나의 선을 다른 선이 건너가는 형상이기도 하다. 그 때문에 X라는 표시를 뜻하는 영어 단어 cross가 동사로 쓰일 때는 '건너다' 또는 '교차하다'라는 의미를 가질 것이다. 밧줄이든 담장이든 경계가 그어진 곳을 건너가기란 어렵다. 어떤 경우에는 총을 들고 지키는 철조망보다 넘어가기 힘들다. 그것이 우리의 인식일 때는 더욱 그렇다.

1506년부터 1519년까지 영국 민사법원장(Chief Justice of the Common Pleas)을 지낸 로버트 리드(Sir Robert Rede, ?~1519)는 캠브리지 대학 지저스(Jejus) 칼리지에 매년 4파운드의 기금을 기부했다. 당시 4파운드는 큰 돈이었다. 이 기금은 캠브리지 대학의 논리학, 도덕철학 그리고 인문학 3개 분야의 강좌를 지원하다가, 1858년부터는 리드 강좌(Rede Lecture)라고 불리는 연례 강연을 지원하고 있다.

연례 강연이 시작된 지 백 년이 지난 1959년에는 영국의 물리학자이자 영문학자인 C. P. 스노우(Charles Percy Snow, 1905~1980)가 두 문화(The Two Cultures)라는 주제의 강연으로 영국 사회에 충격을 주었다. 강연 내용을 보강하여 펴낸 책인 '두 문화와 과학혁명(The two cultures and the scientific revolution)'은 영국 뿐 아니라 전 세계 지식인 사회를 뒤흔들었다.

강연과 책에서 스노우는 인문사회과학과 자연과학분야로 나뉜 지식과 지식인의 단절현상을 서로 갈라진 두문화로 파악하면서, 특히 인문사회과학 지식인의 과학경시풍조를 비판하였다. 자연과학에서 제시되는 "당신은 질량을 설명할 수 있습니까?"수준의 질문은 인문사회과학 분야로 가면 "당신은 글을 읽을 수 있는가?" 정도의 질문이 된다는 것이 스노우의 평가였다. '열역학 제2법칙'에 대한 과학적 설명은 '셰익스피어 작품 읽기' 수준의 인문학적 교양이 된다고 보았다.

인문학을 공부해서 셰익스피어를 이미 읽은 당신은 열역학 제2법칙을 설명할 수 있는가? 자연과학 전공자라서 열역학 제2법칙을 과학적으로 설명할 수 있는 당신은 셰익스피어를 영화나 요약본이 아니라 책으로 읽었는가?

1950년대 후반 당시에 이미 전자공학과 핵에너지 그리고 자동화가 주도하는 산업사회는 본질적으로 그 이전 사회와 다르며, 앞으로는 과학기술이 세계를 더욱 변화시킨다고 보았던 스노우는 과학혁명의 시대에 과학을 경시하는 인문학에 치우친 지식인을 특히 비판하였다. 스노우가 말한 과학혁명은 엄밀히 말하면 과학혁명과 기술혁명이 서로 접근하여 통일되는 과학기술혁명이었다.

과학혁명은 코페르니쿠스의 '천구의 회전에 관하여(1543)'와 뉴튼의 '자연철학의 수학적 원리(1687)'로 상징되는 16세기~17세기의 천문학과 고전역학의 혁명이기도 했다. 과학혁명은 과학자를 학회, 협회 그리고 아카데미로 모이도록 하여 귀납적 혹은 연역적 방법을 공유하는 기반을 제공했다. 기술혁명은 1769년 제임스 와트의 증기기관

특허 획득으로 대표되는 면직공업과 제철공업의 혁신이
일어난 18세기~19세기 산업혁명시기를 이끈 동력이다.

과학혁명의 시기에 과학자는 서로 교류하였으나 기술
자와 교류하는 일은 드물었다. 산업혁명의 시기에도 과학
이 기술발전을 이론적으로 뒷받침하거나 이끌어주는 역
할은 미미했다. 고전역학과 전기자기학이 수학적으로 정
리되는 19세기 후반에 접어 들어서야 과학혁명의 성과물
이 기술발전의 이론적 토대가 되고, 기술혁명의 결과물이
과학실험의 고도화를 이끌어주었다. 과학과 기술이 서로
의 발전을 견인하는 현상의 시작이었다. 과학과 기술 사이
에 있던 장벽이 허물어져 서로 건너가기를 시작한 것이 고
작 이때부터였다.

시작은 늦었지만 그 효과는 놀라웠다. 미국 벨 연구소에
서 트랜지스터 특허를 획득(1947)하고, 텍사스 인스트루먼
트사가 접적회로(IC) 특허를 취득(1959)하는 극소전자혁명
의 시기인 20세기 중반부터는 과학과 기술이 하나로 융합
되어 폭발적으로 발전하는 과학기술혁명의 시대가 되었
다. 과학의 성과는 그 자리에서 기술로 구현되어 제품화되
었으며, 기술문서인 특허에 노벨상이 주어지는 사례가 늘
어났다. 스노우의 '두 문화와 과학혁명'은 바로 이 지점에

서 인문사회과학의 과학기술에 대한 인식의 변화가 있어
야 한다는 선언이었다.

　과학기술분야의 인문사회과학에 대한 무지 또는 경시
도 경계할 일이다. 노벨물리학상 수상자 머리 겔만(Murray
Gell-Mann, 1929~2019)은 3개씩 모여 양성자나 중성자를 이
루는 소립자를 발견하고 쿼크(quark)라는 이름을 붙였다.
쿼크는 영문학자조차도 제대로 읽은 사람이 거의 없다는
제임스 조이스의 소설 '피네간의 경야'*에서 가져왔다. 물
리학자 머리 겔만은 인문학 연구자도 손사래를 치는 그 지
루하고 난해한 책을 읽었을 뿐 아니라 그 중 한 구절을 뽑
아내서 이 세계를 이루는 기본입자의 이름에 붙인 것이다.
그것도 세 개의 덩어리가 필요한 곳에 정확하게. 인문학적
소양이 과학연구의 상상력으로 건너간 사례이다.

　이와 같은 세계적인 흐름 속에서도 고등학교에서 문과
와 이과를 나누어 교육하는 방침을 오랫동안 고수해온 한
국에서 두 문화 사이의 괴리는 아주 크다. 심지어 인문 교
양을 지식인의 공통 교양으로 강조하는 최근까지도 '질량'
이나 '열역학 제2법칙'을 모른다는 사실을 자랑스럽게 이

---

* 《피네간의 경야》 II부 4장, 문장번호 383의 첫 단락: "Three quarks for Muster
Mark!"

야기하는 인문사회과학 지식인들의 왜곡된 과학기술 외면 문화는 사라지지 않고 있다. X가 미지라는 의미를 얻고 그 쓰임새를 확장해온 역사적 흐름을 볼 때도, 과학사를 무시한다면 미지는 무지에 머무르고 만다. 과학에서도 안드레아의 십자가까지 미지로 파악한다면 스스로 청맹과니임을 고백하는 것이나 다름 없게 된다.

스노우가 두 문화에 대한 문제를 제기한 지 56년이 지난 2015년에 한국에서도 고등학교 교육과정에서 문과와 이과를 나누던 칸막이를 없앴다. "학생들이 인문학적 상상력과 과학기술 창조력을 갖춘 인재로 성장할 수 있도록" 교육하기 위해서라고 교육부는 설명한다. 시간은 걸리겠지만 "문송합니다.""이과라서 문사철은 몰라요."라는 말은 점차 사라질 것이다.

X로 상징되는 미지의 영역을 앎의 영역으로 확장해 나가는 과정이 학문연구인데, 남들이 온전한 공 모양을 파나가는 동안 우리는 절반을 나누어 각자 반구를 파던 과정을 이제 공식적으로 중단하는 것이기 때문이다. 각각의 반구가 제 나름의 효율만 추구해 와서 전체적으로 구가 아닌 타원을 만들어 왔다면, 앞으로는 서로 살펴보며 조화로운 구를 더 크게 만들자는 노력을 함께 하자는 공식적인 첫

걸음 이기에 의미가 크다.

　이미 문과와 이과로 나누어 정규 교육과정을 마친 세대의 공부도 인문사회과학에서 자연과학으로, 또 자연과학에서 인문사회과학으로 서로 영역 건너가기를 빈번하게 해야 한다. 생각은 공부를 통해 정리되기 때문이다. 우리의 생각이 고작 문과와 이과의 장벽조차 넘지 못한다면 영화 기생충의 지하층과 지상층 사이는 서로 영원히 건너가지 못하는 절벽이 된다. 우리의 소원인 통일을 이루기 위해 건너가야 하는 철조망은 언감생심이다.

　세상의 모든 갈라진 곳에 X라는 '건너가기' 다리가 놓여야 한다.

지적 자극과 즐거움이 함께하는 X 탐험

"아는 것을 안다 하고 모르는 것을 모른다 함이 바로 앎이다." 공자 말씀입니다. 한자음인 '지지위지지(知之爲知之) 부지위부지(不知爲不知)'가 마치 지지배배 하는 제비의 지저귐처럼 들린다고 해서, 제가 제비의 가르침이라 일컬으며 기억하는 대목이기도 합니다. 앎에 관한 이런 통찰은 사실 말로 쉽게 전할 수 있는 이야긴 아닙니다. "지지위지지…" 하고 소리 내는 일이야 제비도 비슷하게 할 수 있지만, 사람들은 보통 자신이 뭘 모르는지 모르거나 모르면서도 안다고 생각하기 십상이지요. 앎과 모름의 경계를 항상 의식하면서도, 그런 게 늘 그리 분명하지만은 않다는 현실을 헤아릴 필요가 그래서 있겠다 싶습니다. '세상의 모든 X'는 이 같은 문제를 '무지와 미지'라는 제목으로 마주하며, X에 관한 탐험을 시작합니다.

X라는 화두를 붙잡고 떠난 문환구의 여행은 종단과 횡단의 흥미로운 변주입니다. 시간과 공간과 개념의 세상을 넘나들지요. X는 때로 무엇을 모르는지 구체적으로 아는 것이기도 하고, 의도적으로 무시하는 (비)선택의 대상이기도 하며, 뭐가 뭔지 당최 모르는 것이기도 합니다. X는 찾아내야 할 변수인 미지수를 뜻하기도 하고, 또 안드레아의 십자가를 상징하기도 합니다. 서로 무관해 보이는 미지수와 십자가는 다시 데카르트를 통해 연결되지요. 우연인지 필연인지 모를 이런 만남들로 여행은 풍성해집니다. 지적 자극과 즐거움이 함께하는 '세상의 모든 X'에 독자 여러분을 초대합니다.

윤태웅(고려대학교 공대 교수, 『떨리는 게 정상이야』 저자)

세상의 모든 X

ⓒ 문환구, 2020

초판 1쇄 인쇄일 2020년 4월 22일
초판 1쇄 발행일 2020년 4월 28일

지은이   문환구
펴낸이   배문성
디자인   채홍디자인
편집   채홍디자인
마케팅   김영란

펴낸곳   나무플러스나무
출판등록   제2012-000158호
주소   경기도 고양시 일산서구 송포로 447번길 79-8(가좌동)
전화   031-922-5049
팩스   031-922-5047
전자우편   likeastone@hanmail.net

ISBN 978-89-98529-22-2 03100